21世纪高职高专规划教材

计算机基础教育系列

信息技术应用基础
实训指导

（第2版）

陶进　杨利润　主编

清华大学出版社

北京

内 容 简 介

本书按照高职高专非计算机专业大学生信息技术的培养目标编写,编写时充分考虑了高等职业教育的特点,重视技能的培养。本书涉及的计算机应用能力包括操作使用能力和应用技术能力两个层次。本书从应用的角度引导人们把计算机作为现代智能工具使用;从教育的角度则通过计算机知识的介绍,培养其信息素养。

本书可作为高等职业教育计算机应用基础课程的实训指导用书,也可作为计算机考试的辅导用书,或是其他院校学生学习计算机应用基础课程的实验指导书。

图书在版编目 CIP 数据

信息技术应用基础实训指导/陶进,杨利润主编. —2 版. —北京:清华大学出版社,2017
(2021.6 重印)

(21 世纪高职高专规划教材. 计算机基础教育系列)

ISBN 978-7-302-47825-6

Ⅰ. ①信… Ⅱ. ①陶… ②杨… Ⅲ. ①电子计算机－高等职业教育－教材 Ⅳ. ①TP3

中国版本图书馆 CIP 数据核字(2017)第 170460 号

责任编辑:孟毅新
封面设计:常雪影
责任校对:袁 芳
责任印制:杨 艳

出版发行:清华大学出版社
   网   址:http://www.tup.com.cn,http://www.wqbook.com
   地   址:北京清华大学学研大厦 A 座   邮   编:100084
   社 总 机:010-62770175   邮   购:010-62786544
   投稿与读者服务:010-62776969,c-service@tup.tsinghua.edu.cn
   质量反馈:010-62772015,zhiliang@tup.tsinghua.edu.cn
印 装 者:北京鑫海金澳胶印有限公司
经 销:全国新华书店
开 本:185mm×260mm   印 张:9.25   字 数:211 千字
版 次:2011 年 9 月第 1 版 2017 年 8 月第 2 版   印 次:2021 年 6 月第 7 次印刷
定 价:26.00 元

产品编号:075334-02

前　言

　　本书是《信息技术应用基础(第 2 版)》一书的配套教材,以实训案例和任务为主要形式,通过实际操作来实践计算机的基本知识和基本操作。本书第 1 版自 2011 年出版以来,深受读者和教师的好评,随着时间的推移,有些内容已显落后,与《信息技术应用基础(第 2 版)》教材不完全匹配。这次修订改版是与《信息技术应用基础(第 2 版)》新版教材相对应,对操作系统、应用软件、Office 应用平台的版本进行了全面的提升,对相关内容做了一定的修改。

　　全书共分为五篇,通过 35 个实训项目详细介绍信息技术应用的各项知识目标和基本技能。第一篇——信息与计算机,包括计算机的基本指法、计算机系统组成等;第二篇——计算机基本操作技能,包括 Windows 7 的个性化设置、文件及文件夹操作、病毒的查杀等;第三篇——排版技术包括文本格式案例,插入艺术字和图片案例,插入图表、目录、索引、脚注、尾注的案例,院发公文排版案例,商业海报排版,论文的排版,期刊排版,制作演示文稿,演示文稿中的图片和图形的设计,插入声音和影片等;第四篇——数据处理技术,包括表格中数据的输入和编辑、工作表格式编辑、工作簿属性设置、使用函数和公式对表格进行计算、条件计算、工作簿数据导入、Excel 工作表中的数据管理、工作簿中宏的设置等;第五篇——互联网应用技术,包括 IP 地址和域名地址的相互查询、IE 浏览器的应用及设置、绿色浏览器火狐(Firefox)的应用等。

　　本书由长期从事计算机基础教学、科研工作的一线优秀教师编写,是在长期教学经验积累的基础上精心编写的实践训练教材,全书由陶进、杨利润统稿与审阅,参与编写实训指导的教师还有郑冰、刘若新、冯丽娜、孙文浩、段金凯。

　　由于编者水平有限,书中难免有不足之处,敬请专家、教师和广大读者批评、指正。

编　者
2017 年 6 月

目 录

第一篇

信息与计算机

知识要点

（1）掌握计算机主要部件的性能指标、外观形状，以及选购部件的参考知识。

（2）熟悉键盘上各键的功能和使用方法。了解键盘的键盘位分布，通过实际操作掌握数字键、字母键、符号键、空格键、光标移动键盘的主要功能和使用方法。通过实际操作掌握正确的按键姿势和指法。

（3）信息检索技术。

（4）互联网信息处理技术。

（5）数字图书馆。

项目 1-1 计算机键盘基本操作

项目演示

目的

（1）认识计算机标准键盘的布局，熟悉键盘的不同区域及各种键的功能，掌握键盘操作的正确姿势。

（2）掌握计算机键盘操作的基本指法，并使用标准指法进行文字输入。

要求

（1）熟悉键盘各区域，并了解它们的功能。

（2）用标准指法进行文字输入练习。

操作步骤

（1）认识键盘：要学习使用计算机，首先要认识计算机键盘，标准键盘如图 1-1 所示。

（2）使用键盘时应注意正确的姿势和按键方法。在按键时，手抬起，伸出要按键的手指，在键上快速击打一下，不要用力太猛，更不要按住一个键长时间不放。在按键时手指也不要抖动，用力一定要均匀。在进行输入时，正确的姿势是坐势端正、腰背挺直、两脚平稳踏地；身体微向前倾，双肩放松，两手自然地放在键盘上方；大臂和小肘微靠近身体，手腕不要抬得太高，也不要触到键盘；手指微微弯曲，轻放在导键上，右手拇指稍靠近空格

功能键区　　　　　　　　　　　　　　状态指示区

主键盘区　　　　　　　　　编辑键区　　小键盘区

图 1-1　标准键盘图

键。标准打字姿势如图 1-2 所示。

（3）先按住 Shift 键不放,再依次按 1、2、…、0 键,观察屏幕显示与相应数字键的同键上档符号是否一致。

（4）先按住 Shift 键不放,再依次按 A、B、…、Z 键,体会按 Shift 键和不按 Shift 键时,按字母键输入有什么不同。

图 1-2　标准打字姿势

（5）按一次 Num Lock 键,使键盘右上角的 Num Lock 灯点亮,按几个主键盘区的数字键,再按几个小键盘区的数字键,结果是都可以输入数字,并由此得出结论:主键盘上为数字键盘用于输入少量数字;按 Num Lock 键后,可以使用小键盘区输入大量数据。

（6）自由键入一串大小写字母、数字和各种符号,并熟悉空格键（Space）、退格键（BackSpace）、光标移动键和回车键（Enter）的使用方法。

（7）启动 Microsoft Word 软件,输入下列特殊字符。

① 标点符号: 。　,　、　:　…　～　〖　【　《　『

② 数学符号: ≈　≠　≤　≮　∷　±　÷　∫　∑　∏

③ 特殊符号: §　No　☆　★　○　●　◎　◇　◆　※

④ Webdings: Ⓟ　⏸　⏭　📱　🖥　☂　♫　📧　ℹ

⑤ Wingdings: ✎　🖎　📖　✉　💻　🖉　💾　❹　🕐　☑

⑥ 特殊字符: ©　®　™　§

提示:①～③通过软键盘输入,④～⑥通过"插入"→"符号"命令输入。

实训任务

【任务 1-1】　指法练习。

按照键盘指法图如图 1-3 所示,完成后面的英文字符的录入。

启动 Microsoft Word 软件,录入下面的英文字符内容。

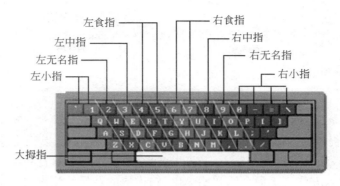

左食指 右食指
左中指 右中指
左无名指 右无名指
左小指 右小指
大拇指

图 1-3 键盘指法

asdf	jkl;	asdf	jkl;	asdf	jkl;			（多次反复）
adjl	jlk;	asdf	jkl;	adjl	jlk;	asdf	jkl;	（多次反复）
asdfg	hjkl;	asdfg	hjkl;	asdfg	hjkl;	asdfg	hjkl;	（多次反复）
askl	asdf	dada	kjkj	ljad;				（多次反复）
ftfrt	fgfl	ftfrt	fgfl	ftfrt	fgfl	ftfrt	fgfl	（多次反复）

【任务 1-2】 英文文章录入。

启动 Microsoft Word 软件，录入下面的内容。

It was pouring outside. We all stood there under the awning and just inside the door of the Wal-Mart，(36)，some (37)，others annoyed (38) nature messed up their hurried day. I got lost in the sound and sight of the rain (39) the dirt and dust of the world. "Mom，let's run through the rain." A girl's sweet voice (40) me. "What?" Mom asked. "Let's run through the rain!" "No，honey. We'll wait until it (41) down a bit." Mom replied. This young child waited about another minute and (42):"Mom，let's run through the rain." "We'll get (43) if we do," Mom said. "No，we won't，Mom. That's not what you said this morning," the young girl said as she tugged at her Mom's arm. "This morning? (44) did I say we could run through the rain and not get wet?" "Don't you (45)? When you were talking to Daddy about his cancer，you said，If God can get us through this，he can get us through (46)!" The entire crowed stopped dead (47). No one came or left in the next few minutes.

项目 1-2 汉字输入和软键盘使用

项目演示

目的

（1）了解常见的几种汉字输入法。

（2）掌握智能 ABC 汉字输入方法。

（3）掌握 Windows 软键盘的使用。

要求

(1) 使用 Windows 任务栏上语言指示器,进行输入法的切换。

(2) 练习智能 ABC 输入法下的汉字输入。

(3) 学会使用 Windows 软键盘。

操作步骤

1. 使用智能 ABC 汉字输入法输入汉字

Windows 中提供的智能 ABC 输入法,是一种以拼音为基础、以词组输入为主的汉字输入方法。该输入法既可以拼音输入,又可以音形输入,还具有双打功能。是一种功能较强,易于掌握的输入方法。下面介绍智能 ABC 输入法的选择并认识输入窗口。

(1) 开机,进入 Windows 7 操作系统桌面。

(2) 单击"开始"按钮,将鼠标指针指向"程序"选项,在级联菜单中,单击"Microsoft Word"选项,进入 Word 编辑窗口。

(3) 单击任务栏右侧的 En 按钮,选择"智能 ABC 输入法"命令,在屏幕上显示汉字输入状态窗口。

(4) 分别单击输入状态窗口各按钮,观察窗口显示有什么变化。观察完毕再次单击,返回初始状态。

注:操作中如无特别说明,单击是指鼠标左键单击。

2. 中文数字和量词的输入

按下面要求键入并观察输入结果。

(1) 键入 i1234567890,输入字符:一二三四五六七八九〇。

(2) 按下 Shift 键,再键入 I 及 1234567890,输入字符:壹贰叁肆伍陆染捌玖零。

(3) 键入 igsbqwez,输入字符:个十百千万亿兆。

(4) 键入 Igsbqwez,输入字符:个拾佰仟万亿兆。

(5) 键入 i1998n6y2s5r,输入字符:一九九八年六月二十五日。

(6) 键入 i7t2b5s5qk,输入字符:七吨二百五十五千克。

(7) 键入 i1b3s6 $,输入字符:一百三十六元。

(8) 键入 I1b3s6 $,输入字符:壹佰叁拾陆元。

3. 图形符号输入

按下面要求键入并观察输入结果。

(1) 键入 v1,用翻页查找书名号《;》;↑;↓。

(2) 键入 v2,查找符号 1.;(1);①;(一);Ⅲ。

(3) 键入 v3,查找并输入符号/;@;W(双字节)和 Y(双字节)。

(4) 键入 v6,查找并输入字符 α;β;π。

(5) 键入 v9,查看制表符。

4. 中英文混合输入

在中文状态下使用智能 ABC 输入法输入很少英文字母时,使用 Ctrl+Space 组合键切换中英文输入状态就显得麻烦,此时,只需在要输入的英文前加个 v 就可以了。如要输入 china，只须在中文状态框中键入 vchina 就可以了。

5. 软键盘使用

软键盘是一种用鼠标输入各种符号的工具，打开软键盘后，可以单击软键盘上的各键，输入希腊字母、日文平假名、西文字母、制表符等各种符号。系统支持软键盘功能，这可以增加用户输入的灵活性。软键盘如图 1-4 所示。

在输入法状态条上单击▦按钮，即可打开软键盘，再次单击▦按钮即可关闭。

右击输入法状态窗口的▦按钮，出现如图 1-5 所示的 13 种软键盘，可根据需要选取其中的任一种。

软键盘

图 1-4 软键盘

西文键盘	标点符号
希腊字母	数字序号
俄文字母	数学符号
注音符号	单位符号
拼音	制表符
日文平假名	特殊符号
日文片假名	

图 1-5 13 种软键盘

例如，选择"标点符号"选项，则表示目前软键盘为标点符号键盘。图 1-6 为标点符号软键盘的示意图。

图 1-6 标点符号软键盘

如果想输入标点符号"》"，用鼠标单击 H 键，即可输入。而当需要输入"【"时，用鼠标单击键 C 即可（此时，按物理键盘上的 H 键也可输入"》"，按物理键盘上的 C 键也可输入"【"）。

提示：软键盘上，每个键盘位上显示的红色符号为标记计算机物理键盘上的每个键，黑色符号表示鼠标单击该键或按物理键盘上该键可以输入的符号。

例如，使用软键盘输入希腊字母。右击输入法状态窗口的▦按钮，系统提示出 13 种软键盘，选中"希腊字母"，打开如图 1-7 所示的可以输入希腊字母的软键盘。

如果想输入希腊字母 δ，可以用鼠标单击软键盘上的 R 键，按物理键盘上的 R 键，同样可以输入希腊字母 δ）。如果想输入符号 Δ，可以先用鼠标单击软键盘上的 Shift 键，然后再单击软键盘上的 R 键（按物理键盘上的 Shift＋R 组合键，一样可以输入符号 Δ）。

图 1-7   希腊字母软键盘

实训任务

【任务 1-3】 汉字输入。启动"写字板"程序,输入以下文章。要求正确地输入字符。

岳 阳 楼 记

范仲淹

庆历四年春,滕子京谪守巴陵郡。越明年,政通人和,百废俱兴,乃重修岳阳楼,增其旧制,刻唐贤今人诗赋于其上,属予作文以记之。予观夫巴陵胜状,在洞庭一湖。衔远山,吞长江,浩浩汤汤,横无际涯;朝晖夕阴,气象万千;此则岳阳楼之大观也,前人之述备矣。然则北通巫峡,南极潇湘,迁客骚人,多会于此,览物之情,得无异乎?

若夫淫雨霏霏,连月不开;阴风怒号,浊浪排空;日星隐耀,山岳潜形;商旅不行,樯倾楫摧;薄暮冥冥,虎啸猿啼;登斯楼也,则有去国怀乡,忧谗畏讥,满目萧然,感极而悲者矣。至若春和景明,波澜不惊,上下天光,一碧万顷;沙鸥翔集,锦鳞游泳,岸芷汀兰,郁郁青青。而或长烟一空,皓月千里,浮光跃金,静影沉璧,渔歌互答,此乐何极!登斯楼也,则有心旷神怡,宠辱皆忘,把酒临风,其喜洋洋者矣。

嗟夫!予尝求古仁人之心,或异二者之为,何哉?不以物喜,不以己悲,居庙堂之高,则忧其民;处江湖之远,则忧其君。是进亦忧,退亦忧;然则何时而乐耶?其必曰:先天下之忧而忧,后天下之乐而乐欤!噫!微斯人,吾谁与归!

项目 1-3   计算机系统组成

项目演示

目的
(1) 了解计算机系统的组成。
(2) 熟练微型计算机的体系结构。

要求
学会组装和配置计算机。

操作步骤

1. 安装 CPU 和内存

（1）安装 CPU。安装 AMD 处理器时，如图 1-8 所示，只须将 AMD 处理器上的标识对准主板插槽上的标识符放进去，然后固定 CPU 即可，如图 1-9 所示。

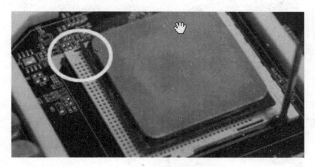

图 1-8　AMD 处理器安装（1）

图 1-9　AMD 处理器安装（2）

安装 Intel 处理器与安装 AMD 处理器（在主板上的插槽上会给予三角符号标识以防止插错）不同，有自己的一套"防呆"方法：注意 Intel 处理器一边，会发现有两个缺口，而在 CPU 插槽上，一边也有两个凸出，对准放下去即可，如图 1-10 所示。固定 CPU 的部件如图 1-11 所示。

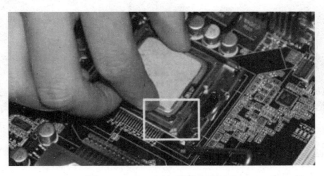

图 1-10　Intel 处理器安装（1）

图 1-11　Intel 处理器安装(2)

（2）内存插槽也集成在主板上，而且与各种内存之间也有一一对应的关系，如图 1-12 所示。

图 1-12　内存条插槽

安装内存很简单，只要把内存顺着防呆接口用力按下去，卡扣就会自动把内存从两边卡住，如图 1-13 所示。

（3）接下来就是均匀地将导热硅脂涂抹在风扇底部，这样有利于 CPU 热量的散发，如图 1-14 所示。

图 1-13　安装内存

图 1-14　涂抹导热硅脂

（4）将硅脂上好后，即可安装散热器，如图 1-15 所示。

（5）将 CPU 散热器的风扇接口接上。

图 1-15　安装 CPU 风扇

2. 安装电源

选择先将电源安装进机箱有一个好处,就是防止之后安装电源不小心碰到主板。目前,较多采用侧面台式散热电源,如图 1-16 所示。

电源安装好以后,在安装主板前,先把主板 I/O 接口的挡板安好,如图 1-17 所示。

图 1-16　安装电源

图 1-17　I/O 接口挡板

3. 安装主板

(1) 将主板固定在机箱内部。

(2) 将螺丝卡在机箱底部上好之后,就可以固定主板了,如图 1-18～图 1-20 所示。

4. 安装独立显卡

如图 1-21 所示,将显卡插进主板插槽后,用螺丝将其固定好。

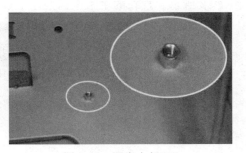

图 1-18　固定主板(1)

图 1-19　固定主板(2)

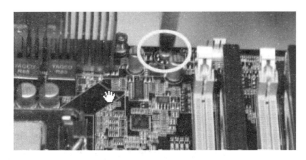

图 1-20　固定主板(3)

图 1-21　安装显卡

5. 接好所有数据线、电源线

　　将所有配件固定好之后,只须将所有数据线、电源线接好。首先接主板电源接口,如图 1-22 所示。现在的主板电源插座上有防呆设置,若插错是插不进去的。主板供电接口

图 1-22　数据线、电源线及跳线

共两部分：先插最重要的 24PIN 供电接口，再插辅助的 4/8PIN 电源接口。

光驱和硬盘的电源线、数据线连接分别如图 1-23、图 1-24 所示。

图 1-23　光驱电源线、数据线

图 1-24　硬盘电源线、数据线

最后用橡皮筋或线绳把电源线或跳线整理好，以免影响到以后主板的使用。安装完成如图 1-25 所示。

图 1-25　主机安装完成

注意：对于初学者来说，在组装计算机的时候，仅仅按照教程是不够的，因为每个计算机的主板、机箱、电源都不一样，对于疑惑的地方，不妨查阅一下说明书。

实训任务

【任务 1-4】　描述计算机参数。观察一台微型计算机，列出主要部件的名称、功能作用和性能参数。

（1）观察一台微型计算机的外部接口，分别指出串口、并口和 USB 接口的位置。

（2）如果有一块某厂家某种型号的主板，分别指出 CPU、南北桥芯片、内存、主板、扩展槽等部件的位置，写出生产厂家、型号、该主板的特点。

（3）将如图 1-26 所示主板上主要部件的名称、功能作用、性能参数等记录在表 1-1 对应的项目中。试一试，通过报纸、杂志、互联网上的搜索或其他方式获知该产品的最新技术规格、发展方向。在最后一列写出你认为应该列出的其他问题。

图 1-26　主板

表 1-1　主要部件的名称、功能作用、性能参数

序　号	部件名称	功能作用	性能参数	其他问题

（4）在表 1-2 中填写你所学习的存储设备的种类及其使用特点。通过市场调查填写目前常用存储器的性能指标。

表 1-2　存储器的种类及特点

存储器名称	特　　点	性　能　指　标

(5) 观察你的计算机使用的存储设备,回答下面的问题。

① 计算机所在位置(是家里还是学校的)。

② 软盘的容量是多少?

③ 软盘的尺寸是多少?

④ 硬盘的容量是多少?

⑤ 硬盘的读/写速度是多少?

⑥ 光盘驱动器是什么类型的?

⑦ 光盘驱动器的读/写速度是多少?

【任务 1-5】 列出计算机硬件参数。列出你的计算机系统组成,包括软硬件各项参数设置。

项目 1-4 计算机硬件设备维护

项目演示

目的

(1) 了解计算机硬件日常维护知识。

(2) 掌握简单的计算机硬件升级方法。

要求

学会笔记本电脑内存升级的方法。

操作步骤

(1) 在做内存升级前,可首先给计算机安装鲁大师软件,并检测一下计算机目前的内存配置。此处示范机检测情况如图 1-27 所示。可以看到当前该笔记本电脑的内存为 4GB。

图 1-27 查看初始内存

(2) 准备好内存条、计算机和相应的拆卸工具,如图 1-28 和图 1-29 所示。

图 1-28　内存条

图 1-29　准备升级的笔记本电脑

（3）关闭笔记本电脑并取下电池，如图 1-30 所示。这步一定不能缺少。

（4）用针或其他比较尖的东西将图 1-31 中图框内的圆形东西取出，其下面的螺丝就会露出来。

图 1-30　拆下笔记本电脑电池

图 1-31　拆下笔记本电脑背面的螺丝帽

（5）卸下螺丝。本示范机可按照图 1-32 中的方法，卸下图框中的一个螺丝即可，其他的计算机还要具体查看螺丝的数量。同时，参照图 1-33 中所示方向，将后盖取下。

图 1-32　拆下笔记本电脑背面的螺丝

（6）后盖打开后情况如图 1-34 所示，可以看到内部的硬盘和内存等。

（7）将图 1-35 中所示的内存条插入图 1-36 中图框内所示的插槽位置，如果听见“啪”一声响，即表示内存条安装成功。

图 1-33 打开笔记本电脑背面的后盖

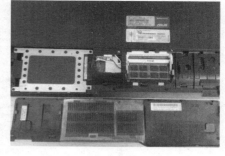

图 1-34 后盖内部情况

图 1-35 安装内存条

图 1-36 内存插槽

（8）安装后盖，上好螺丝即可。

（9）再次用鲁大师检测，可以看到计算机成功识别了刚才安装的内存，如图 1-37 所示。在计算机属性菜单里也可以看到安装过 4GB 内存条后内存的总容量，如图 1-38 所示。

图 1-37 鲁大师检测升级结果

（10）最后，可以在鲁大师软件中，检测一下安装扩展内存后计算机的性能得分，如图 1-39 所示。

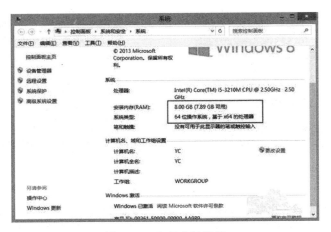

图 1-38　内存升级结果

图 1-39　鲁大师性能检测得分

实训任务

【任务 1-6】　全面升级笔记本电脑。观察你的笔记本电脑目前的运行情况,如果已经运行缓慢,不能满足你日常应用的需求,那么就应该考虑给它升级了。参考以下的步骤完成升级。

(1) 列出笔记本电脑当前的硬件配置情况,重点针对硬盘、内存、USB 接口、无线网卡等硬件进行考察。

(2) 对比个人应用需求和市场主流配件情况,查阅相关资料,进行相关硬件的更换升级。

注意:在进行笔记本电脑升级时,一定要查阅针对个人品牌计算机的资料后,确定打算使用的升级板卡设备与原有设备的兼容性,再进行相关操作,不能盲目操作。

项目 1-5 CNKI 期刊检索

项目演示

目的

学会使用 CNKI 期刊检索文章。

要求

在 CNKI 期刊检索中查找一篇关于"图灵"的文章。

操作步骤

（1）在浏览器地址栏中输入 CNKI 中国知网的英文域名：http://www.cnki.net，如图 1-40 所示，即可进入中国知网的页面。

图 1-40　中国知网首页

（2）进入中国知网后，可以单击图 1-41 中图框所示的"资源总库"命令进行浏览，选择相应的分类进行检索，效果如图 1-42 所示。

图 1-41　单击"资源总库"命令后浏览

（3）单击图 1-42 所示页面中的"中国学术期刊（网络版）"，在出现的页面的"主题"检索内容框中输入"图灵"的字样，单击"检索"按钮，检索结果如图 1-43 所示。

图 1-42　浏览"资源总库"的内容

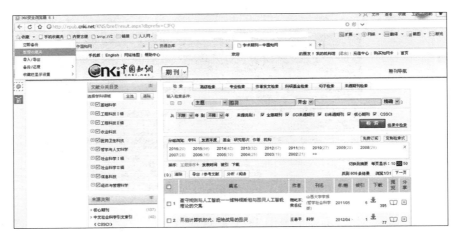

图 1-43　检索结果

（4）浏览图 1-43 所示的页面中的检索结果，单击其中相关内容的标题阅读全文。

（5）如果是第一次使用中国知网，须在图 1-44 所示的页面中进行注册。

图 1-44　"中国知网"注册页面

实训任务

【任务 1-7】　在超星数字图书馆中浏览文章。在超星数字图书馆中浏览《谁动了我的奶酪》一书。

【任务 1-8】　　利用 Baidu 搜索引擎查阅资料。利用 Baidu 搜索引擎获取"英国剑桥大学"的信息。

【任务 1-9】　使用 Apabi Reader 阅读器进行阅读。应用 Apabi Reader 阅读器查阅一些自己所学专业方面的书籍。

第二篇

计算机基本操作技能

知识要点

(1) 计算机管理。控制面板的使用,包括桌面、屏幕保护程序、区域的设置等;账户管理;系统信息的考察;软件故障的排除及安全设置等。

(2) 文件管理。文件和文件夹的相关操作;文件的搜索,常见文件扩展名;回收站的使用等。

(3) 程序管理。应用程序的安装和卸载,常用工具软件的使用。

(4) 文件的压缩与解压。掌握压缩与解压文件的基本方法和技巧,能够对指定文件进行压缩,会设置压缩路径和解压密码。能在解压缩时设置解压缩路径,能进行部分文件解压缩操作。

项目 2-1　Windows 7 的个性化设置

项目演示

目的

掌握控制面板中的相关设置,能够按自己的需要设置自己的计算机。

要求

(1) 掌握设置桌面的方法。包括设置主题、排列桌面图标、创建快捷方式、设置回收站、设置屏幕分辨率,设置屏幕保护。

(2) 建立新账户 pc,设置开机密码 123。

(3) 掌握控制面板中其他常用设置。

操作步骤

1. 设置桌面

包括设置主题、桌面、排列桌面图标、创建快捷方式、设置回收站、设置屏幕分辨率和屏幕保护。

(1) 设置主题。在桌面空白处单击鼠标右键,在弹出的快捷菜单中选中"个性化"命令,如图 2-1 所示。打开个

图 2-1　个性化设置

性化设置对话框选择相应的桌面主题,如图 2-2 所示。

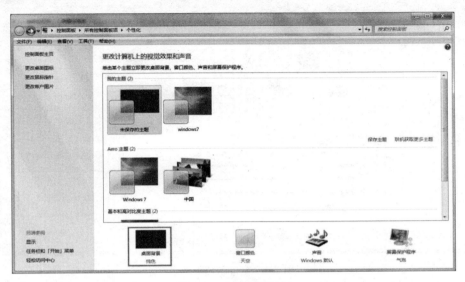

图 2-2　桌面主题设置

（2）设置桌面背景、窗口颜色、声音、屏幕保护程序。在桌面空白处单击鼠标右键,在弹出的快捷菜单中选择"个性化"命令,如图 2-1 所示。打开个性化设置对话框选择相应的设置选项,如图 2-2 所示。单击"桌面设置"选项,设置桌面背景,如图 2-3 所示。单击"窗口颜色"选项,设置窗口颜色,如图 2-4 所示。单击"声音"选项,设置 Windows 声音,如图 2-5 所示。单击"屏幕保护程序"选项,设置计算机的屏幕保护程序,如图 2-6 所示。

图 2-3　桌面背景设置

图 2-4 窗口颜色设置

图 2-5 声音设置

图 2-6　屏幕保护程序设置

（3）按"名称"排列桌面上的图标，在桌面的空白位置右击，在弹出的快捷菜单中打开"排序方式"子菜单，可以根据需要以各种方式排列图标，如图 2-7 所示。

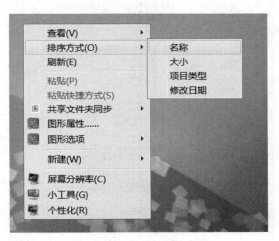

图 2-7　桌面图标的排序方式

（4）在桌面上创建"计算器"程序快捷方式，重命名为"Windows 计算器"。选择"开始"→"所有程序"→"附件"命令，在打开的子菜单中右击"计算器"选项，在弹出的菜单中选中"发送到"→"桌面快捷方式"命令，如图 2-8 所示。

（5）设置回收站。设置回收站为文件删除时不经回收站直接从磁盘删除，而且不显

图 2-8　桌面快捷方式的设置

示删除确认对话框,将回收站中文件全部删除。在桌面上右击"回收站"图标,在弹出的菜单中选中"属性"命令,选中"不将文件移到回收站中,移除文件后立即将其删除"复选框并清除"显示删除确认对话框"复选框,单击"确定"按钮,如图 2-9 所示。

图 2-9　设置回收站

　　(6)设置屏幕分辨率为 1920×1080 像素,在桌面空白处单击鼠标右键,选择"屏幕分辨率"命令,在弹出的窗口中设置屏幕分辨率,如图 2-10 所示。

图 2-10　设置屏幕分辨率

2. 建立新账户 pc,设置开机密码 123

(1) 通过"控制面板"打开"用户账户"窗口,选择"管理其他账户"命令,如图 2-11 所示。

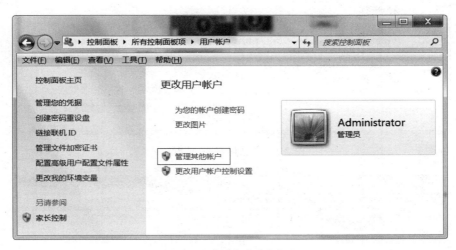

图 2-11　"用户账户"窗口

(2) 在弹出的"管理账户"窗口中选择"创建一个新账户"命令,如图 2-12 所示。

(3) 在弹出的"创建新账户"窗口中命名新账户为 pc,单击"创建账户"按钮,如图 2-13 所示。在"管理账户"窗口中会显示新建的账户 pc,如图 2-14 所示。

(4) 单击新建的账户 pc,进入"更改账户"窗口,单击"创建密码"选项,如图 2-15 所示。

(5) 打开"创建密码"窗口后,在"新密码"对话框中输入密码 123,在"确认新密码"对话框中再次输入 123,单击"创建密码"按钮完成密码创建,如图 2-16 所示。

图 2-12 "管理账户"窗口

图 2-13 "创建新账户"窗口

图 2-14 账户创建完成

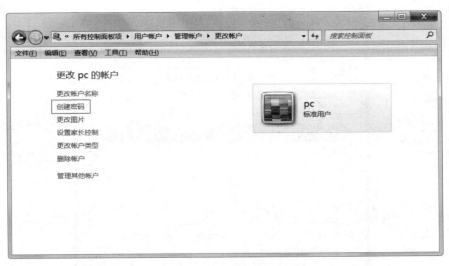

图 2-15 "更改账户"窗口

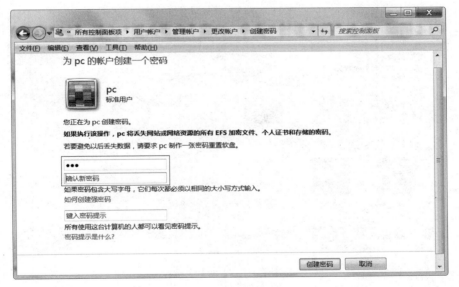

图 2-16 "创建密码"窗口

3. 掌握控制面板中其他常用设置

（1）鼠标设置。在控制面板中打开"鼠标 属性"对话框，在其中设置鼠标指针方案，如图 2-17 所示。

（2）桌面小工具。在控制面板中打开"桌面小工具"窗口，Windows 7 为用户提供了诸多的常用小工具，如图 2-18 所示。

图 2-17　鼠标设置

图 2-18　桌面小工具

实训任务

【任务 2-1】　为系统添加一种新字体。

【任务 2-2】　插入 U 盘等可移动存储设备,观察可否正常使用,之后从计算机中安全删除该设备。

【任务 2-3】　在画图中绘制一幅图画并将它作为桌面。

【任务 2-4】　将当前桌面及"计算机"窗口复制下来,保存在"我的文档"中(提示:使用快捷键 PrintScreen 及 Alt+PrintScreen)。

项目 2-2　文件及文件夹操作

项目演示

目的

（1）掌握管理文件的方法。

（2）掌握设置文件及文件夹属性的方法。

要求

（1）在 F 盘建立自己的多媒体素材文件夹结构。包含文本、图像、音频、视频、动画等子文件夹。

（2）练习文件夹中对象的选定、排序及复制移动。

（3）通过文件夹选项设置显示被隐藏的文件。

操作步骤

（1）在 F 盘建立自己的多媒体素材文件夹结构（包含文本、图像、音频、视频、动画等子文件夹）。

① 文件夹的创建。右击"计算机"命令，选中"打开"命令，进入该窗口，在打开的"计算机"中单击左侧"文件夹"树目录中的"F:"。在右侧窗口空白位置右击，在弹出的菜单中选中"新建"→"文件夹"命令，如图 2-19 所示。在新建文件夹的方框中输入"我的多媒体素材"，按 Enter 键。打开新建的文件夹，在此文件夹内再新建 5 个子文件夹，分别重命名，如图 2-20 所示。打开"文本"文件夹，自此文件夹内新建一个文本文档，命名为"我的多媒体素材"，如图 2-21 所示。

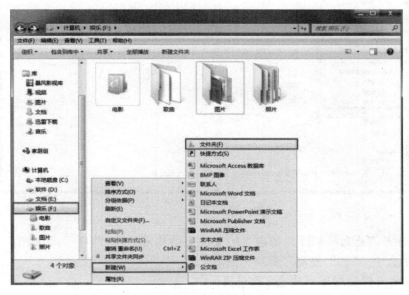

图 2-19　新建文件夹

图 2-20　新建子文件夹

图 2-21　新建文本文档

　　② 文件夹的更名与删除。如建立的文件夹结构需要修改，则可选中相应文件夹，在右键菜单中选中"剪切""复制""删除"等操作。

　　（2）隐藏文件夹与显示被隐藏文件夹。

　　① 右击需要隐藏的文件夹，在弹出的对话框中选中"隐藏"复选框，单击"确定"按钮，如图 2-22 所示。

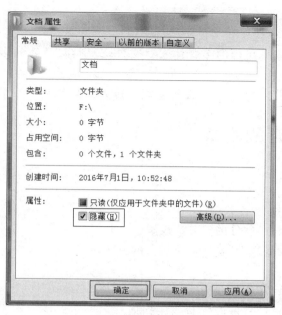

图 2-22　隐藏文件夹

② 通过文件夹选项设置显示被隐藏的文件。选择"计算机"窗口的"组织"→"文件夹和搜索选项"命令,在"查看"选项卡中选中"显示隐藏的文件、文件夹和驱动器"复选框,如图 2-23 所示。

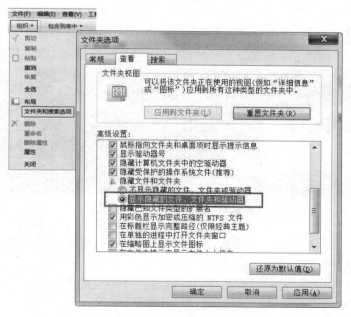

图 2-23　显示被隐藏文件夹

实训任务

【任务 2-5】 搜索本机内的多媒体素材文件,分别存入"我的多媒体素材"的相应文件夹中。

【任务 2-6】 在文件夹选项中设置隐藏已知文件类型的扩展名。

项目 2-3　病毒的查杀

项目演示

目的

(1) 掌握"360 杀毒"软件的安装与设置。

(2) 掌握使用"360 杀毒"软件查杀病毒的方法。

要求

(1) 安装"360 杀毒"软件并进行基本设置。

(2) 利用"360 杀毒"软件进行 D 盘的扫描。

操作步骤

1．安装"360 杀毒"软件并进行基本设置

(1) 访问"360 杀毒"网站(网址为 http://sd.360.cn/? src＝360home),下载"360 杀毒"安装包,如图 2-24 所示。

图 2-24　下载"360 杀毒"安装包

(2) 双击安装"360 杀毒"安装包,单击"下一步"按钮,接受协议后选择安装位置安装即可,如图 2-25～图 2-28 所示。

(3) 运行"360 杀毒",单击"设置"按钮进行基本设置,如图 2-29 所示。

① 设置扫描时发现病毒由软件自动清除,如图 2-30 所示。

② 设置发现 U 盘时自动进行扫描,如图 2-31 所示。

2．利用"360 杀毒"软件进行 D 盘的扫描(见图 2-32)

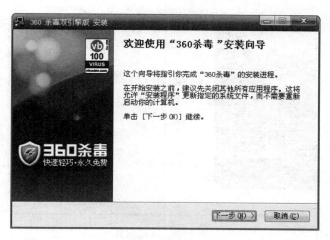

图 2-25　安装向导

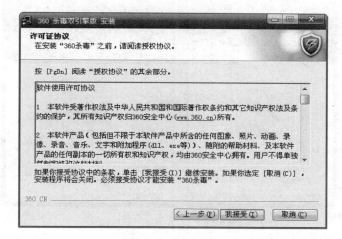

图 2-26　接受协议

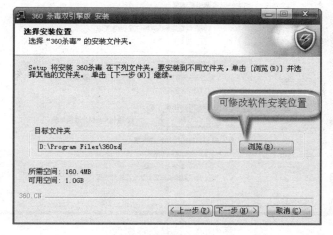

图 2-27　修改安装位置

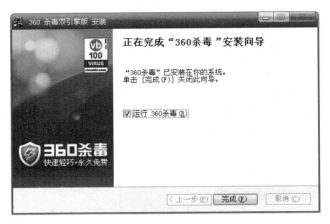

图 2-28　完成安装

图 2-29　"360 杀毒"主界面

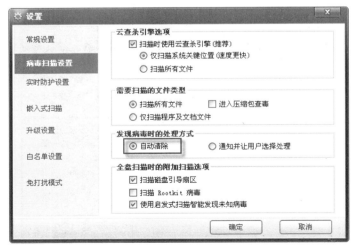

图 2-30　设置杀毒软件(1)

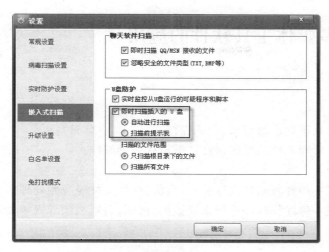

图 2-31　设置杀毒软件(2)

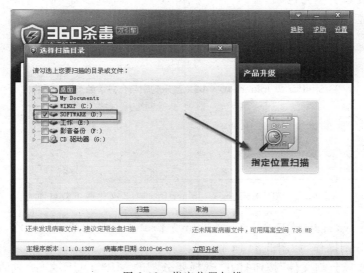

图 2-32　指定位置扫描

实训任务

【任务 2-7】　上网搜索计算机病毒的相关知识。

（1）利用搜索引擎了解计算机病毒有哪些类型，特点是什么，查杀方式有几种。

（2）访问国家计算机病毒应急处理中心（网址为 http://www.antivirus-china.org.cn/），浏览最新病毒动态栏目下的最新一期"病毒预报"和"病毒监测周报"。

（3）了解市场上主要的杀毒软件有几种，分别有什么优点和缺点。

【任务 2-8】　下载一个自己喜欢的杀毒软件安装试用，对计算机进行基本设置和扫描。

项目 2-4　多媒体工具软件的应用

项目演示

目的

(1) 掌握音频处理软件的剪辑、合成操作。

(2) 掌握视频处理软件的抓图、截图、剪辑视频等操作。

要求

(1) 学会利用一种音频软件进行剪辑、合成、转换文件等音频处理的方法。

(2) 学会利用一种视频软件进行视频抓图、截图、剪辑视频等视频处理的方法。

操作步骤

1. 剪辑一首歌中的一段音乐,合成一首新歌

(1) 访问搜索引擎类网站,输入"MP3 Splitter & Joiner 汉化版"下载"MP3 Splitter & Joiner 汉化版"安装包,如图 2-33 所示。

图 2-33　MP3 Splitter & Joiner Pro v4.2 汉化版下载页面

(2) 安装完成,打开 MP3 Splitter & Joiner Pro v4.2 汉化版工具软件,可以使用多种方式完成音频分割操作,如图 2-34 所示。

① 单击"选择分割文件"按钮打开"选择要分割的 MP3/CUE 文件"对话框,选择需要分割的文件,如图 2-35 所示。单击"打开"按钮返回到"MP3 分割"主窗口。

② 单击"播放"按钮,在文件播放过程中,根据乐曲多次单击"插入分割点"按钮,设置多个分割点。单击"保存"按钮选择目标文件保存位置,单击"开始分割"按钮完成分割操作,如图 2-36 所示。

③ 也可以通过单击"设置起点"和"设置终点"按钮来完成精确分割操作。在"设置分割位置(时:分:秒.毫秒)"选项组的文本框中输入精确时间 00:00:30.000 后,单击"设置起点"按钮,设置精确时间 00:01:12.000 后,单击"设置终点"按钮,将文件分割成三部分,第二部分为所需片段。单击"保存"按钮选择目标文件保存位置,单击"开始分割"按钮完成分割操作。

(3) 单击"MP3 合并"标签,打开"MP3 合并"选项卡,可以完成多个音频合并操作,如图 2-37 所示。

图 2-34　MP3 Splitter & Joiner Pro v4.2 汉化版界面

图 2-35　"添加要分割的音频文件"对话框

图 2-36　单击"插入分割点"按钮

图 2-37　MP3 合并

　　① 单击"添加"按钮,选择需要合并的文件,如图 2-38 所示。文件的上下位置将是合并后各声音片段播放的先后顺序,可以通过"上移""下移"按钮调整其顺序。

图 2-38　选择待合并声音文件

②　单击 ID3 按钮，填入合并后音频文件的信息，单击"确定"按钮，如图 2-39 所示。单击"保存"按钮选择保存的位置和填写保存后音频的文件名，如图 2-40 所示。单击"开始合并"按钮开始合并操作。

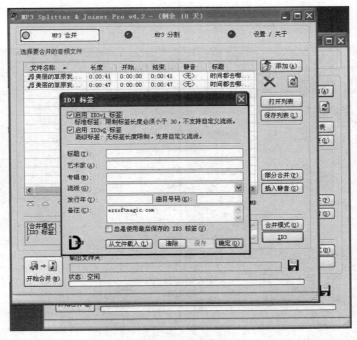

图 2-39　填入音频信息

图 2-40　保存文件

2. 对视频进行连拍、截图、制作 GIF 动画操作，并对一段视频进行截取与合并的剪辑

（1）打开 QQ 影音播放器，播放一个视频。若对视频中某个片段进行截图，则需要单击"暂停"按钮，在图 2-41 所示图标位置单击打开"影音工具箱"列表中的"截图"选项即可完成截图操作。截图结果如图 2-42 所示。

图 2-41　截图操作

图 2-42　截图结果

（2）对于视频中某些片段需要连拍，只须在图 2-41 所示图标位置单击打开"影音工具箱"列表中的"连拍"选项，打开"另存为"对话框。选择保存位置、保存类型并设置存储类型，单击"保存"按钮即可完成连拍操作。连拍结果如图 2-43 所示。

图 2-43　连拍结果

（3）若对视频中某些片段进行动画截取，则只须在图 2-41 所示图标位置单击打开"影音工具箱"列表中的"动画"选项，在打开的窗口中拖动设置起始位置、截取长度，如图 2-44 所示。保存的动画最长为 10 秒，保存为 GIF 类型。单击"保存"按钮，在打开的"GIF 保存"对话框中，命名文件名和选择保存的位置即可。

图 2-44　设置动画选项

（4）要截取一段视频，可在图 2-41 所示图标位置单击打开"影音工具箱"列表中的"截取"选项，在打开的窗口中拖动设置起始位置、截取长度和截取终点，如图 2-45 所示。默认保存从视频当前位置到视频结束，保存为 MP4 文件类型。单击"保存"按钮，在打开的"视频/音频保存"对话框中，命名文件名和选择保存的位置即可，可以设置输出类型以适应需要。

图 2-45　截取视频

（5）对于视频的合并，则在图 2-41 所示图标位置单击打开"影音工具箱"列表中的"合并"选项，在打开的窗口中单击"添加文件"按钮，在弹出的对话框中选择需要合并的视频并单击"打开"按钮，如图 2-46 所示。文件的上下位置将是合并后各视频片段播放的先后顺序，可以通过"上移""下移"按钮调整其顺序，如图 2-47 所示。在输出设置中自定义参数，浏览选择可替换的背景音乐，为合并后的视频文件进行重新命名，并且设置合并后的视频存放路径，再单击"开始"按钮进行视频合并操作。

图 2-46　选择待合并的视频

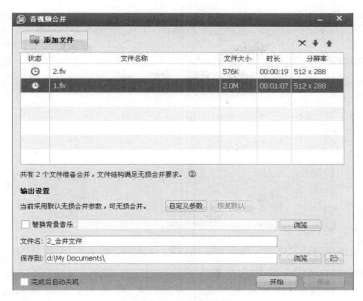

图 2-47 合并视频

实训任务

【任务 2-9】 音频的剪辑、合成：将几首歌曲进行剪辑、合成。

【任务 2-10】 视频文件的剪辑、合成：剪辑一段视频文件，并对视频中某些情节做抓图、截图、动画 GIF 图。

第三篇

排 版 技 术

知识要点

(1) 掌握版面的设定与布局。

(2) 掌握文档中字体、字号、段落、格式、图形、表格、公式的正确应用。

(3) 掌握各种办公行文的格式与版式。

(4) 掌握中文排版中"插入对象""插入脚注和尾注"等图文混排技术的运用。

(5) 掌握各种办公文件、期刊、海报的排版。

(6) 掌握演示文稿的设计和制作原则。

(7) 能够通过不同方法创建演示文稿,并对演示文稿进行编辑和修饰,制作动画。

项目 3-1 设置文本格式

项目演示

目的

(1) 掌握对文档的文本进行字体、字号及段落对其缩进和行距的设置。

(2) 掌握对文档的边框、底纹的操作。

要求

(1) 对素材 1 文档的标题中的"均衡饮食"进行字体和字号的设置,要求字体为隶书,字号为小二号,颜色为橙色。

(2) 对各段落内容进行首行缩进。

(3) 对全文的行距设置为单倍行距。

(4) 对第一段"五谷根茎类"整段进行边框和底纹的设置。要求边框选择方框,颜色为橙色,线条宽度和线形不变,底纹颜色为浅蓝色,图案样式为 12.5%。效果如图 3-1 所示。

操作步骤

(1) 打开素材,选中"均衡饮食"文字,在"开始"选项卡→"字体"组中设置字体为隶书,字体颜色为橙色,如图 3-2 所示。

(2) 单击"段落"组中的"段落"按钮,弹出"段落"对话框,在"特殊格式"下拉列表框中选择"首行缩进"选项,在"行距"下拉列表框中选中"单倍行距"选项,如图 3-3 所示。

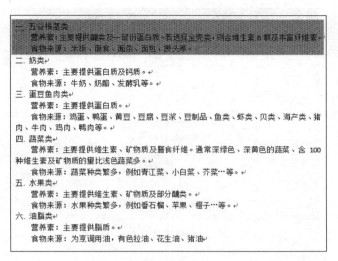

图 3-1 文本格式设置效果

图 3-2 设置字体

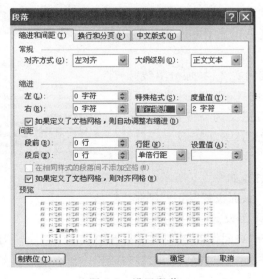

图 3-3 设置段落

(3) 选择"页面布局"选项卡→"页面背景"组→"页面边框"命令,打开"边框和底纹"对话框,设置边框选项卡为方框,颜色为橙色。打开"底纹"选项卡,设置底纹颜色为浅蓝色,图案样式为 12.5%,如图 3-4 所示。

图 3-4　设置边框和底纹

项目 3-2　页面设置、分栏、首字下沉

项目演示

目的

(1) 掌握文档的页面设置。

(2) 掌握文档的分栏和首字下沉的设置。

要求

(1) 将纸张设置成 A4,上下左右页边距为 2 厘米。

(2) 将第三段分成偏右 2 栏,加分隔线。

(3) 将第三段中的 Computer 首字下沉,下沉行数为 2 行,距正文为 0.5 厘米,字体为 Arial,颜色为红色,字号为 30 磅。

操作步骤

(1) 打开素材 2 文档,如图 3-5 所示。选择"页面布局"选项卡→"页面设置"组→"纸张大小"→A4 选项,在"页面设置"组→"页边距"→"自定义页边距"→"页面设置"对话框中进行如图 3-6 和图 3-7 所示的设置。

(2) 选中第三段文字,选择"页面布局"选项卡→"页面设置"组→"分栏"→"更多分栏"命令,如图 3-8 所示。在弹出的对话框中进行如图 3-9 所示的设置。

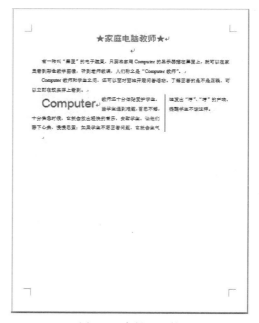

图 3-5　素材 2 文档

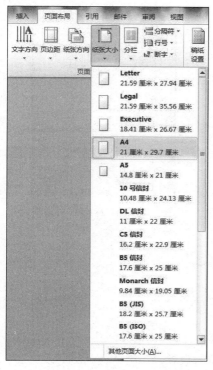

图 3-6　页面设置

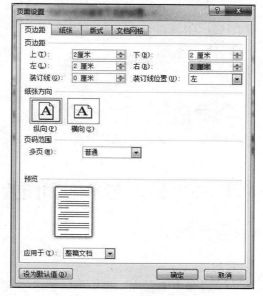

图 3-7　"页面设置"对话框

图 3-8　分栏

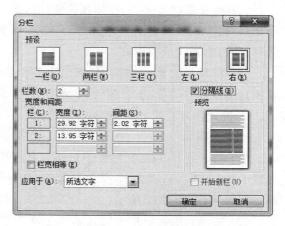

图 3-9　"分栏"对话框

（3）选中第三段中的 Computer，选择"插入"选项卡→"文本"组→"首字下沉"→"首字下沉选项"命令，如图 3-10 所示，在弹出的对话框中进行如图 3-11 所示的设置。在"开始"选项卡→"字体"组中设置字体、字号和颜色。

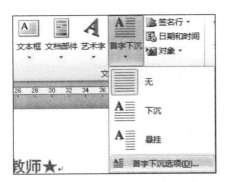

图 3-10　首字下沉　　　　　　　　　　图 3-11　"首字下沉"对话框

项目 3-3　插入艺术字和图片

项目演示

目的

(1) 让学生掌握在文档中插入艺术字大小、类型的设置。

(2) 掌握图片的插入格式,自动换行、编辑图片的位置等设置。

要求

(1) 打开素材 3 文档,在标题位置插入艺术字,文字为"野菊花的心事",套用第 4 行,第 2 列的艺术字样式,字体为隶书,字号为 48 磅,发光效果为第 3 行第 6 个,"转换"为腰鼓型,位置为顶端居中对齐。

(2) 在素材文档右侧插图"野菊花"图片。并设置图片样式为"柔化边缘椭圆",大小为高 8cm、宽 12cm。设置图片艺术效果为"胶片颗粒"。

操作步骤

(1) 打开素材 3,把光标置于标题中,打开"插入"选项卡→"文本"组→"艺术字"下拉菜单,选择第 4 行第 2 列效果,如图 3-12 所示。

(2) 在弹出的对话框中输入艺术字文字"野菊花的心事",设置字体为隶书,字号为 48 磅,加粗,如图 3-13 所示。

(3) 选中艺术字文字,在"绘图工具格式"选项卡→"艺术字样式"组中设置"发光"与"转换"效果,如图 3-14 和图 3-15 所示。

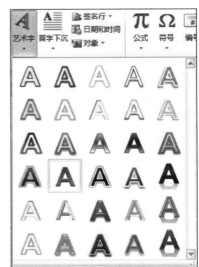

图 3-12　插入艺术字

图 3-13　编辑艺术字

图 3-14　设置艺术字发光效果

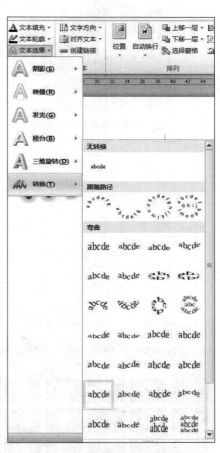

图 3-15　设置艺术字转换效果

（4）插入"野菊花"的图片。选中图片，通过拖曳改变图片到适当大小，如图 3-16 所示。

（5）选中图片，在"图片工具格式"选项卡→"排列"组→"位置"和"自动换行"中做如图 3-17 所示的选择。

（6）选中图片，在"图片工具格式"选项卡→"图片样式"组→"艺术效果"中做如图 3-18 所示的选择。

最终结果如图 3-19 所示。

图 3-16　设置艺术字位置

图 3-17　设置艺术字自动换行

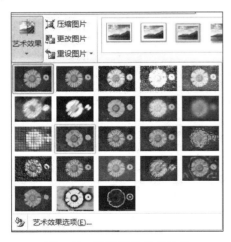

图 3-18　设置图片艺术效果

图 3-19　艺术字、图片设置效果

项目 3-4　插入图表、目录、索引、脚注、尾注

项目演示

目的

（1）让学生掌握在文档中插入图表并会使用其属性。

（2）掌握目录和索引的格式。

（3）掌握脚注尾注的插入及使用。

要求

（1）在"销售记录表"文字下面的段落中，使用位于"我的文档"文件夹中的 Excel 文档 W2010E-03-24.xls 中的"销售"工作表来插入一个图表。

（2）在"销售记录表"表格标题的最后面，使用"1，2，3，…"的数字格式，用"上半年销售统计"文字作为尾注插入。

（3）将最后一段落中的"周年庆"文字，设定为标记索引项，不使用注音标题。

操作步骤

（1）打开文档 W2010E-03-24.xls，把光标定位在"销售记录表"文字下面的段落中。选择"插入"选项卡→"文本"组→"对象"命令，选择"Microsoft Graph 图表"，如图 3-20 和图 3-21 所示。

图 3-20　插入对象

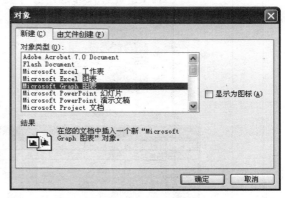

图 3-21　"对象"对话框

（2）单击"导入文件"按钮，如图 3-22 所示。

（3）选中 W2010E-03-24.xls 文件，按向导提示完成文件导入的 3 个步骤。

（4）选中图表，单击"图表类型"按钮，选择"折线图"命令，生成一个折线图图表，如图 3-23 所示。

（5）将光标定位在标题后面，选择"引用"选项卡→"脚注"组→"插入尾注"命令，如图 3-24 所示。

（6）在尾注位置输入尾注文字"上半年销售统计"，如图 3-25 所示。

图 3-22　导入文件

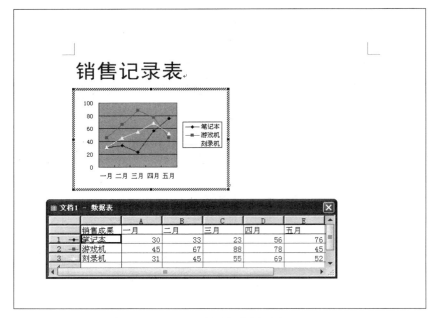

图 3-23　创建折线图图表

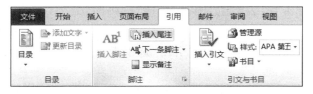

图 3-24　插入尾注

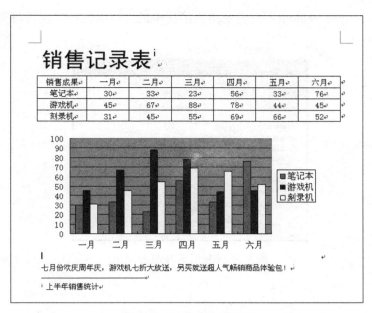

图 3-25 插入尾注效果图

（7）选中"周年庆"文字，选择"引用"选项卡→"索引"组→"插入索引"命令，如图 3-26 所示。

图 3-26 插入索引

（8）单击"标记索引项"按钮，如图 3-27 所示。

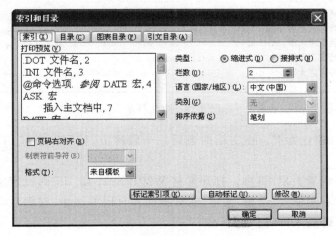

图 3-27 "索引和目录"对话框

（9）在"主索引项"文本框中已自动填入了选中的关键字，设置"所属拼音项"项为空，如图 3-28 所示。

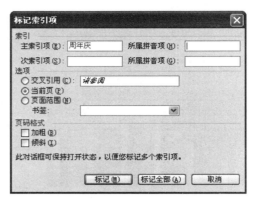

图 3-28   "标记索引项"对话框

实训任务

【任务 3-1】   建立目录。要求在 W2010E-03-21.docx 的第二段落上，使用"自动目录 1"格式建立目录，完成后样式如图 3-29 所示。

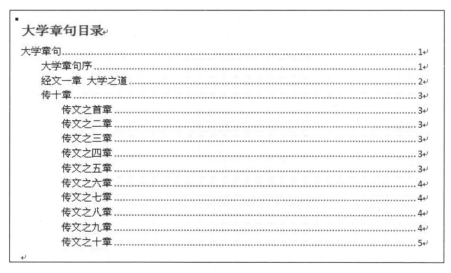

图 3-29   建立目录

【任务 3-2】   建立索引。在文档的最后一个段落上，使用"流行"格式建立索引，如图 3-30 所示。

【任务 3-3】   设置页眉/页脚。打开素材 W2010E-03-13.docx，设定文档的页眉和页脚，在奇数页页眉右侧输入"希望"文字，在页脚插入页码并居中；在偶数页页眉左侧输入"励志文学"，在页脚插入页码并居中。

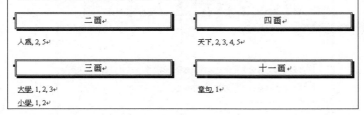

图 3-30 建立索引

项目 3-5 公文排版

项目演示

目的

通过学习本项目,认识和掌握公文在草拟阶段从准备到构思、立纲、起草诸环节的工作。了解各类行政公文的使用场合、特点、类别、写作要求,着重掌握各类行政公文的文体结构和内容结构,具备撰写行政公文的能力。

要求

掌握公文的主旨、依据、格式。

操作步骤

(1) 打开一个空白的文档,进行页面设置。设置"页边距"——上:3.7 厘米;下:3.5 厘米;左:2.8 厘米;右:2.6 厘米。

(2) 设置"文档网格",将字体设置为仿宋,字号为三号;设置每行 28 个字,每页 22 行。

(3) 插入标题图片 gw.jpg。

(4) 插入红色 1.5 磅宽的直线,与图片位置平齐。

(5) 插入自治区主席签名图片 bte.jpg。

(6) 发文时间、编号设置为仿宋三号。

(7) 标题格式为宋体、二号、黑色、居中、单倍行距。

(8) 正文部分格式为仿宋、三号、黑色、两端对齐,行距为固定值 24 磅。

(9) "主题词"3 个字用三号、黑体,居左顶格对齐,后标全角冒号;主题词词目用三号宋体字。

(10) 印发机关和印发时间：位于抄送机关之下(无抄送机关则在主题词之下)，占1行位置，用三号仿宋体字。印发机关左空1字，印发时间右空1字。印发时间以公文付印的日期为准，用阿拉伯数码标识。

公文实例如图3-31所示。

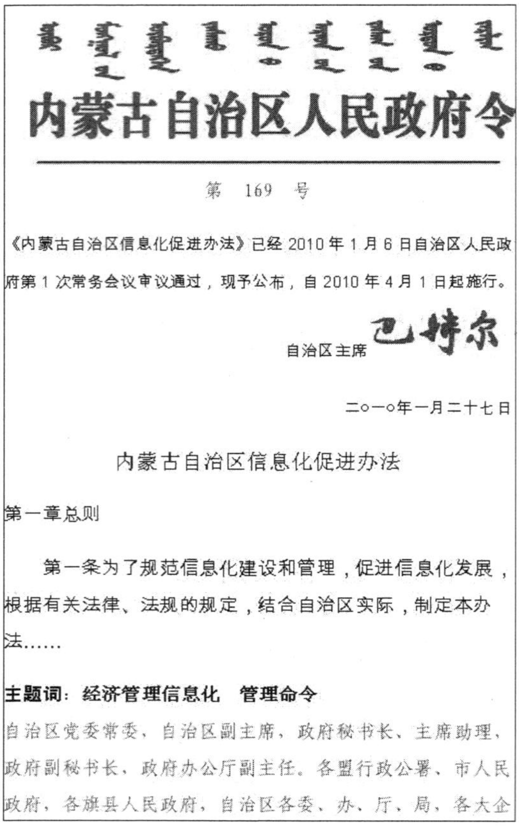
内蒙古自治区人民政府令

第 169 号

《内蒙古自治区信息化促进办法》已经2010年1月6日自治区人民政府第1次常务会议审议通过，现予公布，自2010年4月1日起施行。

自治区主席 巴特尔

二○一○年一月二十七日

内蒙古自治区信息化促进办法

第一章总则

第一条为了规范信息化建设和管理，促进信息化发展，根据有关法律、法规的规定，结合自治区实际，制定本办法……

主题词：经济管理信息化　管理命令

自治区党委常委、自治区副主席，政府秘书长、主席助理、政府副秘书长、政府办公厅副主任。各盟行政公署、市人民政府，各旗县人民政府，自治区各委、办、厅、局、各大企

图3-31　公文实例

实训任务

【任务3-4】 制作通知。做一份批转下级机关文件的通知。

××市人民政府

市科委关于加快我市软件产业发展实施意见的通知

各区、县人民政府，各委、局，各直属单位：

市人民政府同意市科委《关于加快我市软件产业发展的实施意见》，现转发给你们，望遵照执行。

××市人民政府(公章)

二○一六年十一月三十日

项目 3-6　商业海报排版

项目演示

目的

通过学习本项目,认识和掌握商业海报的制作、排版方法,结合插入艺术字、文本框、图片及字体字号设计掌握海报排版过程,学会海报的整体布局及设计方法,如图 3-32 所示。

图 3-32　商业海报

要求

掌握海报的排版技巧。

操作步骤

(1)　插入文件名为 bg.jpg 的背景图片。

(2)　制作艺术字"特价冲击波"。插入艺术字,字体为隶书、36 号磅加粗;艺术字阴影效果为"外部－右下斜"偏移,"转换"为"波形 1";填充颜色为金黄;线条颜色为黄色,0.5 磅实线;自动换行为浮于文字上方。

(3)　制作艺术字"尊享会员　亲情回馈"。插入艺术字,字体为楷体、28 磅,艺术字"转换"效果为倒 V 形;字体填充为绿色;线条为黄色,0.5 磅实线;自动换行为浮于文字上方。

(4) 插入文本框并输入文字,字体为宋体加粗、红色、五号。文本框透明度设为 100％,无线条,环绕方式为浮于文字上方。

(5) 插入图片 pic1.jpg,调整大小,自动换行为浮于文字上方。

实训任务

【任务 3-5】 制作海报。自己设定素材,通过艺术字、文本框、图片等方式制作海报。

项目 3-7　论文的排版

项目演示

目的

(1) 了解目前通用的论文排版要求,并熟悉论文版式的布局格式。

(2) 掌握论文排版的正确方法和步骤。

(3) 会使用中文排版中"插入脚注和尾注"的方式完善论文的内容。

(4) 会使用中文排版中"插入对象"的方法完善论文的编辑排版工作。

要求

打开素材文档"案例 3.doc",完成下面操作。

(1) 根据排版基本要求,对论文标题、摘要等部分的字体、字号进行格式化设置。具体要求如下。

论文标题:二号字,加粗,黑体,居中。

作者:姓名,单位,其间空 2 格,四号字加粗,宋体,居中。

摘要:"摘要"两个字加方括弧"【】",紧接摘要内容,五号字,楷体,摘要内容一般不超过 200 字。

关键词:"关键词"3 个字加方括弧"【】",五号字,楷体,不超过 4 个词。

正文:五号字,宋体。

行间距:15 磅。

纸张尺寸:A4 纸。

页边距:上、下、左、右均为 2.5 厘米。

正文标题:一级标题为四号字,加粗,宋体,中国数字编号为"一、二、三、…";二级标题为五号字,加粗,宋体,中国数字编号为"(一)(二)(三)…"。

参考文献:"参考文献"4 个字加方括弧"【】",小五号字,宋体。

提示:论文排版中其他常见的更低级别的标题格式如下。

三级标题:五号字,宋体,阿拉伯数字编号"1. 2. 3. …"。

四级标题:五号字,宋体,阿拉伯数字编号"(1)(2)(3)…"。

五级标题:五号字,宋体,项目符号"·"。

(2) 在论文正文中插入公式,内容如下。

$$v_i = \bar{v}\left\{1 + \delta\cos\left[\left(\frac{2\pi}{24}\right)(i-\phi)\right]\right\} \quad i = 1, 2, \cdots, 24$$

（3）在论文中的文字"图1：清华大学校园图"前插入图片3-3-1.jpg，调整好图片的大小，并设置该图片的自动换行方式为"四周环绕型"。

（4）在论文中文字"表1：论文格式规格"下插入一个表格，内容如图3-33所示。

与纸张边界距离/mm				栏宽 /mm	栏间距 /mm
上方	下方	左方	右方		
21	21	18	18	84.5	5

图3-33　表格样张

提示：对于本篇论文中包括的英文摘要内容的字体部分，不用做特别的格式设置。

操作步骤

（1）文字工作。完成论文中的全部文字录入工作，但要注意的是录入文字后不要设置任何字体格式与段落格式，最后检查有无文字和语法错误。

（2）根据以上的论文版式要求创建各级标题的样式，步骤如下。

① 在"开始"选项卡→"样式"组中单击右下角按钮打开"样式"对话框，如图3-34所示。

② 单击"样式"对话框左下角的"新建样式"按钮，打开"根据格式设计创建新样式"对话框，如图3-35所示。

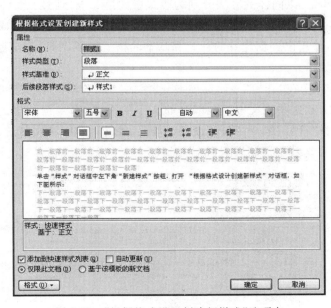

图3-34　"样式"对话框　　　　　　　图3-35　"根据格式设置创建新样式"选项卡

③ 在"新建样式"对话框中输入新样式的名称："一级标题"，同时选择样式格式基于"正文"。并在"格式"下根据以上的论文版式中的要求设置样式："一级标题"的字体、字号为"四号字，加粗，宋体"。单击左下角的"格式"按钮设置本样式的项目符号和编号为"中国数字编号：一、二、三、…"，如图3-36所示。

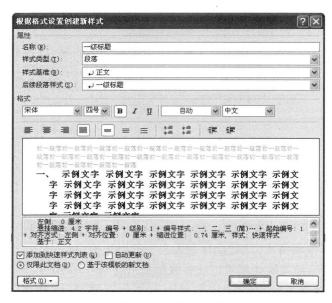

图 3-36   创建新样式

④ 单击"确定"按钮,完成"一级标题"的样式设置,保存后退出。

⑤ 以同样的方法分别为版式中的第二级标题创建样式。

(3)格式化设置。当文字的输入、编辑工作全部完成之后,根据以上的论文版式要求,使用已经创建好的样式和基本的格式设置工具,完成整篇论文的格式化设置,具体方法如下。

① 在"开始"开始选项卡→"字体"组中分别对论文标题、作者、摘要、关键词、正文、参考文献这些论文中不同部分的文字的字体、字号按要求进行设置,然后使用"插入"选项卡→"符号"组→"符号"命令给摘要、关键词和参考文献这几个词语加上方括弧"【】",设置后的效果如图 3-37 所示。

图 3-37   摘要和关键字设置效果

提示:由于全文字体要求均是宋体,可对论文先全部选定再进行统一设置。

② 单击"样式"选项卡中的已创建好的名称为"一级标题"和"二级标题"两种样式为文档中的所有一级和二级标题设置格式。

设置好后的局部效果如图 3-38 所示。

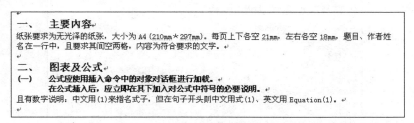

图 3-38　局部设置效果

③ 在"开始"选项卡→"段落"组中使用"段落"对话框，为全文设置统一的行间距 15 磅，并设置正文中段落的缩进格式均为首行缩进 2 字符。

④ 在"页面布局"选项卡→"页面设置"组中使用"页面设置"对话框对整个文档的纸张尺寸和页边距分别进行设置，如图 3-39 所示。

（4）插入各类外部对象。

① 图片：使用"插入"选项卡→"插图"组→"图片"命令；论文中的文字：在"图 1：清华大学校园图"前插入图片 3-3-1.jpg，调整好图片的大小，并在"图片工具"→"格式"选项卡中设置该图片的自动换行为"四周环绕型"，如图 3-40 所示。

图 3-39　"页面设置"对话框

图 3-40　设置图片自动换行方式

最终排版效果如图 3-41 所示。

② 公式：选择"插入"选项卡→"符号"组→"公式"命令，启动"公式编辑器"编辑论文中的公式。

（5）插入表格。在论文中的文字"表 1：论文格式规格"下，选择"插入"选项卡→"表格"组→"表格"命令插入一个 3 行 6 列的表格，然后使用"表格工具"→"布局"选项卡→"合并"组→"合并单元格"命令将第一行中前 1～4 个单元格进行合并，并将后面的第 5～

图 3-41   插入图片效果

8 个单元格分别合并,如图 3-42 所示。

1	2	3	4	5	7
				6	8

图 3-42   合并单元格

合并后再调整表格大小,同时为表格填入内容,在使用"表格工具"→"布局"选项卡→"对齐方式"组中设置表格的对齐方式为居中,最终效果如图 3-43 所示。

与纸张边界距离/mm				栏宽 /mm	栏间距 /mm
上方	下方	左方	右方		
21	21	18	18	84.5	5

图 3-43   设置表格样式

(6)浏览整篇论文,检查文字和格式的部分是否存在错误,检查整个论文的版面情况是否符合最初确定的排版要求。

本项目的最终排版效果如图 3-44 所示。

实训任务

【任务 3-6】 科研论文排版一。

(1)打开文档 3-3-1.docx。根据排版基本要求,对论文中字体、字号、段落、纸张及页边距进行格式化设置。要求如下。

(2)创建两个级别的标题样式,完成论文中标题设置。

第 1 屏,共 4 屏

科技类论文格式范例

王電力 清华大学机电工程系

【摘要】本文为介绍科技论文基本排版格式的文章,所有文字均为实例性文字。

【英文摘要】Abstract

This two-column sample can serve as the template for Microsoft Word. The final paper should be submitted in this format. Use Regular Script (for Chinese) and Times New Roman (for English) fonts throughout your manuscript: 14-point boldface font for the title, 12-point regular font for authors' names, 10-point regular font for authors' affiliations, abstract, keywords, section titles and the main contents. The reference list8 is in 8-point regular font.

【关键字】科技论文,排版格式,实例性

一、 主要内容

纸张要求为无光泽的纸张,大小为 A4 (210mm×297mm)。每页上下各空 21mm,左右各空 18mm,题目、作者姓名在一行中,且要求其间空两格,内容为符合要求的文字。

第 2 屏,共 4 屏

二、 图表及公式

(一) 公式应使用插入命令中的对象对话框进行加载。

在公式插入后,应立即在其下加入对公式中符号的必要说明。且有数字说明:中文用(1)来指名式子,但在句子开头则中文用式(1)、英文用 Equation(1)。

$$v_i = \bar{v}\left\{1 + \delta \cos\left[\left(\frac{2\pi}{24}\right)(i - \phi)\right]\right\} \quad i = 1,2,\ldots 24$$

(1)

式中:δ —— 每日的形态强度;

ϕ —— 最大风速时间(0 至 24 间的整数);

$\bar{v}$ —— 平均风速(m/s)。

第 3 屏,共 4 屏

(二) 文章汇总还可以插入图片。

本实例文本中插入的图片如下所示。

文章汇总还可以插入图片:

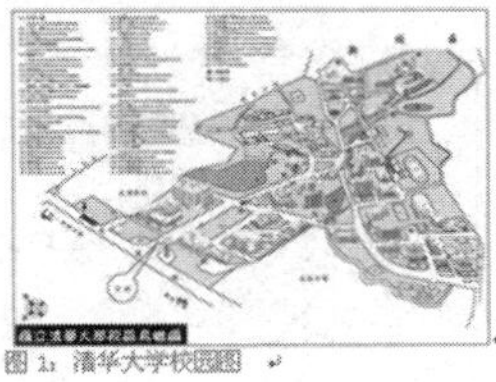

图 1: 清华大学校园图

必要时也可以在正文中插入表格。

与纸张边界距离/mm				栏宽/mm	栏间距/mm
上方	下方	左方	右方		
21	21	18	18	84.5	5

表 1: 论文格式规格

第 4 屏,共 4 屏

【参考文献】
N. Mohan, T. M. Undeland, and W. P. Robbins, Poewr Electronic, Converters, Applications and Design, Wiley, New York, USA, 1995.
Y. Y. Tzou, "DSP-based Fully Digital of a PWM DC-AC Converter for AC Voltage Regulation," IEEE Power Electronics Specialists Conference, Atlanta, USA, June 1995, pp. 138-144.
A. V. Jouanne, P. N. Enjeti, and D. J. Lucas, "DSP Control of High Power UPS Systems Feeding Nolinear Loads," IEEE Transactions on Industrial Electronics, Vol. 43, No. 1, Feb 1996, pp. 121-125.

图 3-44 论文案例最终排版效果

(3)插入脚注。

① 为论文中第三页中的"设计科学概念"加脚注,内容是:"美国著名的经济学家、认知心理学家赫伯特·西蒙认为世界上有自然的和人为的两类现象,这两类现象的研究对

应两类科学：自然科学和人为科学。自然科学所关心的是事物究竟如何，而人为科学关心的是事物应当怎样，如何设计人工制品以达目的。从这个意义上，西蒙也把人为科学称为创造人为事物的设计科学。"

②为论文中第4页上单词Logos加脚注，内容是："希腊哲学家赫拉克利特（Weltgesetz）最早使用了这个概念，认为逻各斯是一种隐秘的智慧，是世间万物变化的一种微妙尺度和准则，类似于中国古哲人所说的'道'"。

（4）插入对象。

①在论文中第3页中的文字"图1 DBR的一般特征（Barab，2006）"上方插入图片3-3-2.jpg，并设置图片对齐格式为居中，效果如图3-45所示。

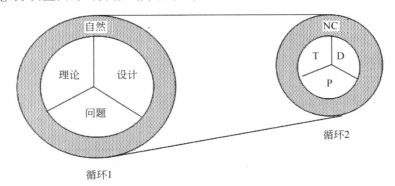

图3-45   插入图片3-3-2.jpg效果

②在论文中第四页中的文字"图2 发展性研究与检验性研究比较（资料来源：Reeves，2000）"上方插入两个流程图，效果如图3-46所示。

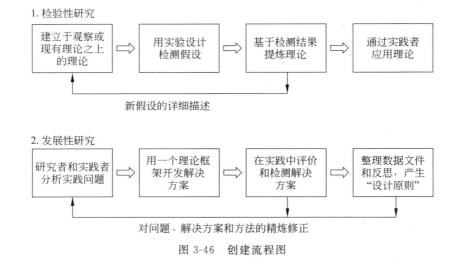

图3-46   创建流程图

（5）插入表格。

在论文中第4页中的文字"科学研究的象限模式（改编自：Stokes, D. E. 1997. *Pasteur's Quadrant*）"下方插入表格，效果如图3-47所示。

科学研究的象限模式（改编自：Stokes，D.E.1997,Pasteur's Quadrant）

研究起因		以应用为目标	
		否	是
以求知为目标	是	纯基础研究（波尔）	应用激发的基础研究（巴斯德）
	否	经验总结	纯应用研究（爱迪生）

图 3-47　插入表格效果

提示：除常规的"插入表格"命令外，还可使用"插入"选项卡"表格"组中的"绘制表格"命令。

【任务 3-7】　科研论文排版二。

（1）根据本项目排版基本要求，对论文中字体、字号、段落进行格式化设置。

（2）创建两个级别的标题样式，完成论文中标题设置。

（3）插入脚注。

为正文第一段中的文字"研究工作"添加脚注，脚注的内容是"基金项目：国家自然科学基金项目（10271051）；吴文俊数学与天文丝路基金（WSF 2003-04）"。

（4）插入对象。

① 在正文中第 3 页上的文字"图 1 南秉吉'临台测水'图"前插入图片 3-3-3.jpg，并设置自动换行方式为"四周型环绕"，对齐方式为"右对齐"。同时在文字"利用相似比例得："后面插入公式，并适当调整公式的排版位置，公式内容如下。

$$y = \frac{\sqrt{(b^2 + c^2)a^2 e^2}}{bd - ec}, \quad x = \frac{cy}{b^2 + c^2}.$$

本步骤完成后的效果如图 3-48 所示。

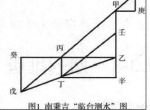

图 3-48　插入图和公式效果

② 在正文中第 3 页上的文字"图 2 南秉吉'遥度圆城'图"和"图 3 南秉吉'望敌圆营'图"前分别插入图片 3-3-4.jpg 和 3-3-5.jpg，并设置自动换行为"四周型环绕"，对齐格式为"右对齐"。同时在文字"设 x 为圆径，秦九韶给出一个 4 次方程求解："后面插入公式，并适当调整公式的排版位置，公式内容如下。

$$-\left[\frac{(b_2^2-a_2^2)}{4}\right]x^4+\left[l^2a_2^2\frac{(b_2^2+a_2^2)}{2}\right]x^2-(l^2a_2^2)^2=0.$$

本步骤完成后的效果如图 3-49 所示。

> 　　南秉吉没有考虑秦氏的立术过程，他说："此条立术甚迁，不必至于九乘方也。今寻其比例之理，则只为立方，故布算审正。"如图 2，乙为南门，甲乙(a)为出南门东行，戊丙(b)为北门外里数，乙戊(x)为城径，丁戊为切线。利用四边形甲乙庚己∽庚戊丁己，及勾股形甲乙庚∽庚丁戊，甲乙丙∽丁戊丙，南氏得到：$x^3+bx^2=4ba^2$。这是一个很简洁的 3 次方程，与李冶给出的公式一样。
> 　　**例 3** 望敌圆营题。"问敌临河为圆营，不知大小，自河南岸至某地七里，于其地立两表，相去二步，其西表适与敌营南北直，人退西表一十二步，遥望东表，与敌营圆边参合。圆法：用密率；里法：三百六十步。欲知其营周及径各几何。"答曰：营周六里一百二步七分步之六，径二里。"
> 　　如图 3，自河岸辛至丁(l) 7 里，戊为东表，丁为丁表，戊丁(a₂)为两表相去 2 步，丙为人目，丙丁(b₂)为人退 12 步，乙为圆营心，丙甲与圆相切于甲。设 x 为圆径，秦九韶给出一个 4 次方程求解：
> $$-\left[\frac{(b_2^2-a_2^2)}{4}\right]x^4+\left[l^2a_2^2\frac{(b_2^2+a_2^2)}{2}\right]x^2-(l^2a_2^2)^2=0.$$

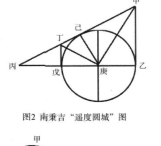

图2 南秉吉"遥度圆城"图

图3 南秉吉"望敌圆营"图

图 3-49　插入图 2 和图 3 后的效果

（5）插入表格。

在论文中文字"表 1《数书九章》各版本的差异比较"的下方插入一个 4 行 6 列的表格，并设置表格对齐方式为"居中"，表格内容如图 3-50 所示。

题　序	南秉吉用本	《四库》本	宜稼堂本	王萱龄抄本	北大抄本
7	望敌远近	望知敌众	望敌远近	望知敌众	望敌远近
8	表望浮图	望敌远近	古池推圆	望敌远近	古池推圆
9	望知敌众	表望浮图	表望浮图	表望浮图	表望浮图

图 3-50　插入表格内容

注：本部分所用论文素材均是论文的节选，且其中的作者姓名和单位均为虚拟。

项目 3-8　期刊排版

项目演示

目的
（1）了解目前常见的各类期刊的布局形式。
（2）掌握期刊的整个版面排版规则。
（3）掌握包括目录、正文，以及页码、书眉和标点在内的期刊内容的排版规则。
（4）掌握期刊排版的正确方法和步骤。

（5）会将中文排版中"插入对象"的方法运用到期刊杂志的编辑排版工作中。

要求

本案例的效果图如图 3-51 所示。

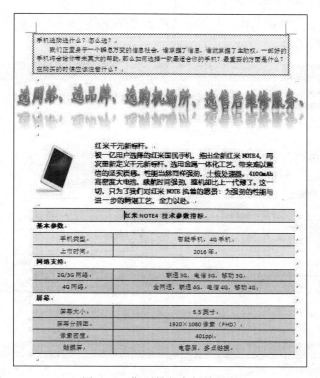

图 3-51　期刊排版案例效果图

具体排版要求如下。

（1）根据当前所要编排的期刊版面的特点，设置第一段文字（"手机选购选什么？……在购买的时候应该注意什么呢"）的字符格式：2 号、宋体、常规，并添加边框和底纹。

（2）插入艺术字"选网络、选品牌、选购机场所、选售后维修服务、选价格"。

（3）插入图片。

（4）在图片右侧插入文本框，并设置自动换行方式为"四周型环绕"。

（5）在中间图片的下方插入一个 12 行 2 列的表格。

操作步骤

1. 第一段文字内容的排版步骤

新建一篇空白文档，根据当前版面的布局特点，输入第一段文字，然后设置文字的格式。

（1）字符格式：宋体，常规，五号。

（2）为这一段添加边框和底纹。选中需要设置的段落，选择"开始"→"段落"→框线下拉菜单→"边框和底纹"命令，弹出"边框和底纹"对话框，如图 3-52 所示。

(3) 打开“底纹”选项卡,如图 3-53 所示。完成后样式如图 3-54 所示。

2. 在第一段文字下方插入艺术字并排版

(1) 选择“插入”→“文本”→“艺术字”命令,如图 3-55 所示。

(2) 在弹出的框中编辑艺术字内容,设置艺术字字体、字号,设置艺术字效果。完成后样式如图 3-56 所示。

边框和底纹
边框(B)
页面边框(P)
底纹(S)
设置:
无(N)
方框(X)
阴影(A)
三维(D)
自定义(U)
样式(Y):
颜色(C):
宽度(W):
0.75 磅
预览
单击下方图示或使用按钮可应用边框
应用于(L):
段落
选项(O)...
横线(H)...
确定
取消

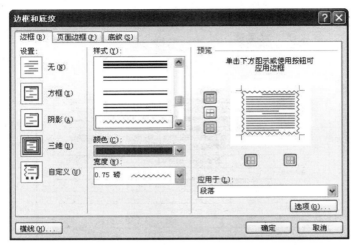

图 3-52 “边框和底纹”对话框的“边框”选项卡

边框和底纹
边框(B)
页面边框(P)
底纹(S)
填充
主题颜色
标准色
无颜色(N)
其他颜色(M)...
预览
应用于(L):
段落
横线(H)...
确定
取消

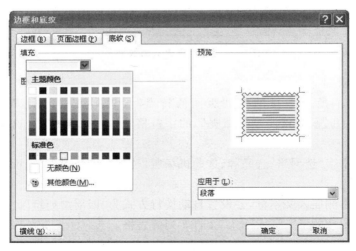

图 3-53 “边框和底纹”对话框的“底纹”选项卡

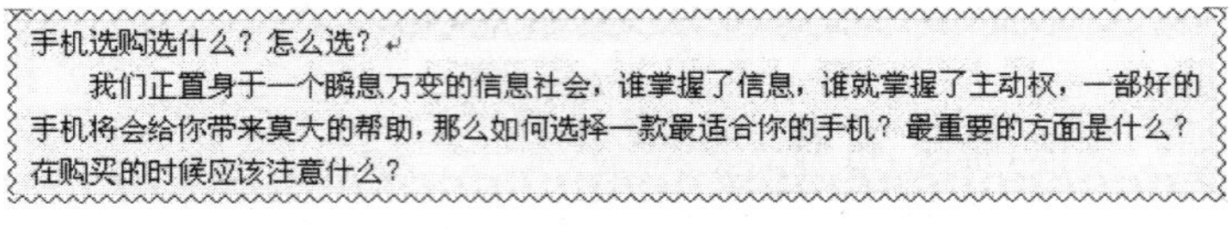

手机选购选什么?怎么选?
我们正置身于一个瞬息万变的信息社会,谁掌握了信息,谁就掌握了主动权,一部好的手机将会给你带来莫大的帮助,那么如何选择一款最适合你的手机?最重要的方面是什么?在购买的时候应该注意什么?

图 3-54 第一段文字的排版效果

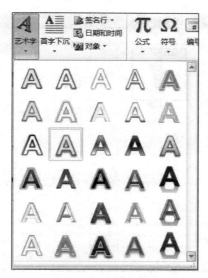

图 3-55　插入艺术字

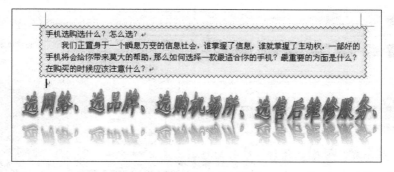

图 3-56　插入艺术字效果

3．在艺术字下方插入一幅手机的图片

选择"插入"→"插图"→"图片"命令,打开"插入图片"对话框,如图 3-57 所示。

注意：直接插入文档中的图片一般都不符合用户的要求,必须对图片进行编辑。

选中图片,在"图片工具"→"格式"选项卡中对图片进行设置,如图 3-58 所示。

4．在图片右侧插入一个文本框,并输入文字内容

（1）选择"插入"→"文本"→"文本框"→"绘制文本框"命令,在弹出的文本框中输入文字。

（2）编辑修改文本框,选中文本框,在出现的"绘图工具-格式"选项卡中设置文本框的换行方式、边框线和大小,如图 3-59～图 3-61 所示。

5．插入表格

（1）选择"插入"选项卡→"表格"组→"插入表格"命令,弹出"插入表格"对话框,如图 3-62 所示。

（2）在表格中输入文字内容,完成后样式如图 3-51 所示。

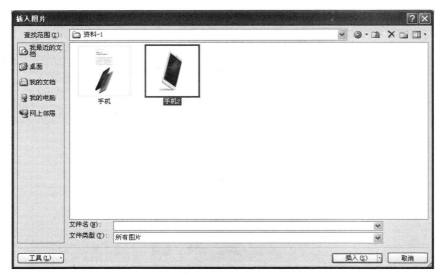

图 3-57　"插入图片"对话框

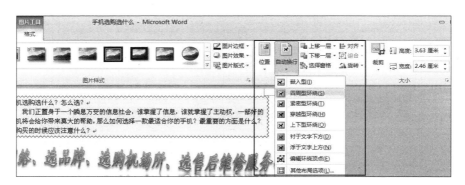

图 3-58　设置图片自动换行方式

图 3-59　设置文本框的自动换行方式

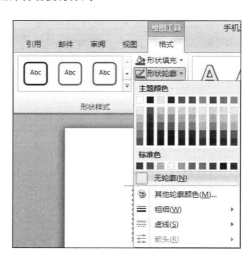

图 3-60　设置文本框边框线

图 3-61 设置文本框大小   图 3-62 "插入表格"对话框

实训任务

【任务 3-8】 科技期刊排版。

(1) 根据期刊排版的规则和最终版面要求,插入相应的文本框并完成版面中文字录入及编辑排版,同时设置大标题"克隆让世界分裂"字体为黑体,一号,其他小标题为宋体,加粗,五号,正文为宋体,五号,段间距为单倍行距。

提示:本文可使用 3～4 个文本框来实现。

(2) 在页面左上角插入图片 3-4-1.jpg,并设置图片格式为"四周型环绕"。

(3) 插入图片 3-4-2.jpg 作为本页的页眉,并且设置该页眉为居右对齐。

(4) 插入图片 3-4-2.jpg 作为本页的页脚,并且设置该页脚为居右对齐。

(5) 在作者名"瞿莉"前面插入特殊符号■,并在其上、下分别用直线工具画出两条等长直线,本任务最终排版效果如图 3-63 所示。

【任务 3-9】 杂志排版。

本任务排版效果如图 3-64 所示。

(1) 根据期刊排版的规则和本实例的版面特点,使用文档 3-4-2.doc 中的文字素材,在空白文档中插入数量合适的文本框,并为其添入文字以完成版面中文字部分的编辑排版工作,文本框中的正文为宋体,小五号,且正文中每个段落均设为首行缩进 2 字符。同时设置标题"德国的三大明星"为黑体,小四号,字体颜色为金色,居中对齐,其他小标题为宋体,加粗,五号。

提示:在文档 3-4-2.doc 中全部小标题已用红色字体标示。

(2) 插入文本框"来自大本营的故事"作为大标题的一部分,设置字体为华文中宋,一号字,字体颜色为白色,同时设置文本框格式:填充色为深蓝色,无线条颜色。

(3) 分别插入两个艺术字"德国人在"和"上海",作为本页文章的主标题,同时设置它们的字形为华文中宋,字号分别为 44 磅和 60 磅,填充颜色均为棕黄色,线条颜色为无色。

(4) 在主标题下编辑作者名"申竹君"前面插入符号■,并设置为居中格式。

(5) 插入"完全上海"字样作为页眉,并设置字体格式为宋体,小四号,字体颜色为灰色,对齐方式居中。

克隆让世界分裂

■ 瞿莉

克隆是英文"clone"或"cloning"的音译，而英文"clone"则起源于希腊文"Klone"，原意是指幼苗或嫩枝，以无性繁殖或营养繁殖的方式培育植物，如扦插和嫁接。在大陆译为"无性繁殖"，在台湾与港澳一般意译为复制或转殖或群殖。

中文也有更加确切的词表达克隆，"无性繁殖""无性系化"以及"纯系化"。

各国克隆研究成果

克隆羊"多利"的诞生在全世界掀起了克隆研究热潮，随后，有关克隆动物的报道接连不断。1997年3月，即"多利"诞生后近1个月的时间里，美国、中国台湾和澳大利亚科学家分别发表了他们成功克隆猴子、猪

和牛的消息。不过，他们都是采用胚胎细胞进行克隆，其意义不能与"多利"相比。同年7月，罗斯林研究所和PPL公司宣布用基因改造过的胎儿成纤维细胞克隆出世界上第一头带有人类基因的转基因绵羊"波莉"（Polly），这一成果显示了克隆技术在培育转基因动物方面的巨大应用价值。

1998年7月，美国夏威夷大学Wakayama等报道，由小鼠卵丘细胞克隆了27只成活小鼠，其中7只是由克隆小鼠再次克隆的后代，这是继"多利"以后的第二批哺乳动物体细胞核移植后代。此外，Wakayama等人采用了与"多利"不同的、新的、相对简单的且成功率较高的克隆技术，这一技术以该大学所在地而命名为"檀香山技术"。

此后，美国、法国、荷兰和韩国等国科学家也相继报道了体细胞克隆牛成功的消息；至1999年年底，全世界已有6种类型细胞——胎儿成纤维细胞、乳腺细胞、卵丘细胞、输卵管／子宫上皮细胞、肌肉细胞和耳部皮肤细胞的体细胞克隆后代成功诞生。

反对克隆人技术应用

11月25日，美国先进细胞技术公司宣布首次用克隆技术培育出人体胚胎细胞，在世界各地引起轩然大波，反对之声此起彼伏。

图 3-63　任务 3-8 排版完成后效果

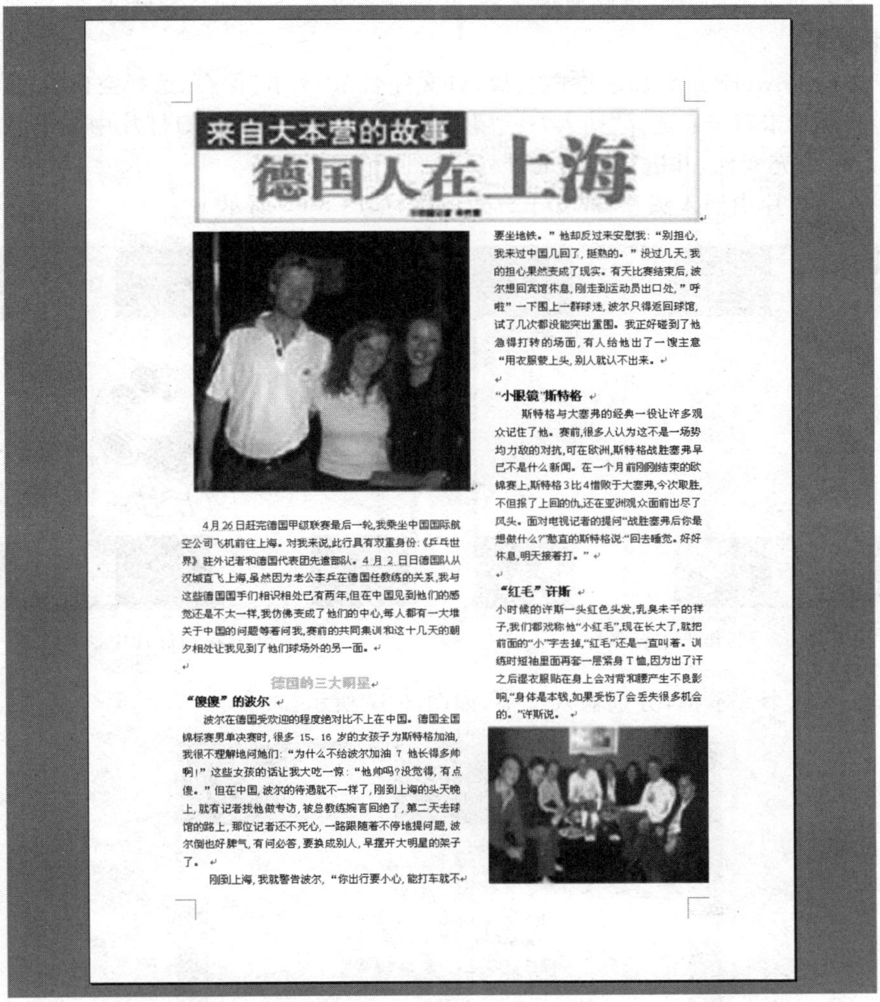

来自大本营的故事

德国人在上海

4月26日赶完德国甲级联赛最后一轮,我乘坐中国国际航空公司飞机前往上海。对我来说,此行具有双重身份:《乒乓世界》驻外记者和德国代表团先遣部队。4月2日日德国队从汉城直飞上海,虽然因为老公李乒在德国任教练的关系,我与这些德国国手们相识相处已有两年,但在中国见到他们的感觉还是不太一样,我仿佛变成了他们的中心,每人都有一大堆关于中国的问题等着问我,赛前的共同集训和这十几天的朝夕相处让我见到了他们球场外的另一面。

德国的三大明星

“傻傻”的波尔

波尔在德国受欢迎的程度绝对比不上在中国。德国全国锦标赛男单决赛时,很多15、16岁的女孩子为斯特格加油,我很不理解地问她们:“为什么不给波尔加油?他长得多帅啊!”这些女孩的话让我大吃一惊:“他帅吗?没觉得,有点傻。”但在中国,波尔的待遇就不一样了,刚到上海的头天晚上,就有记者找他做专访,被总教练婉言回绝了,第二天去球馆的路上,那位记者还不死心,一路跟随着不停地提问题,波尔倒也好脾气,有问必答,要换成别人,早摆开大明星的架子了。

刚到上海,我就警告波尔,“你出行要小心,能打车就不要坐地铁。”他却反过来安慰我:“别担心,我来过中国几回了,挺熟的。”没过几天,我的担心果然变成了现实。有天比赛结束后,波尔想回宾馆休息,刚走到运动员出口处,”呼啦”一下围上一群球迷,波尔只得返回球馆,试了几次都没能突出重围。我正好碰到了他急得打转的场面,有人给他出了一馊主意“用衣服蒙上头,别人就认不出来。

“小眼镜”斯特格

斯特格与大塞弗的经典一役让许多观众记住了他。赛前,很多人认为这不是一场势均力敌的对抗,可在欧洲,斯特格战胜塞弗早已不是什么新闻。在一个月前刚刚结束的欧锦赛上,斯特格3比4惜败于大塞弗,今次取胜,不但报了上回的仇,还在亚洲观众面前出尽了风头。面对电视记者的提问“战胜塞弗后你最想做什么?”憨直的斯特格说:“回去睡觉。好好休息,明天接着打。”

“红毛”许斯

小时候的许斯一头红色头发,乳臭未干的样子,我们都戏称他“小红毛”,现在长大了,就把前面的“小”字去掉,“红毛”还是一直叫着。训练时短袖里面再套一层紧身T恤,因为出了汗之后湿衣服贴在身上会对背和腰产生不良影响,“身体是本钱,如果受伤了会丢失很多机会的。”许斯说。

图 3-64　任务 3-9 排版完成后效果

(6) 在页面的左上角和右下角分别插入图片 3-4-1.jpg 和图片 3-4-2.jpg,并设置图片的自动换行方式为“四周型环绕”。

项目 3-9　使用 PowerPoint 2010 制作生日贺卡

项目演示

目的

(1) 了解演示文稿的一些基本概念和常用术语,区分演示文稿和幻灯片的概念。

(2) 理解演示文稿的作用。

(3) 掌握演示文稿的设计和制作原则。

（4）能够通过不同方法创建演示文稿，并对演示文稿进行编辑和修饰，制作动画。

制作步骤

（1）启动 PowerPoint，新建空白文稿，以文件名为"贺卡"保存，选择空白版式。

（2）制作贺卡背景：选择"插入"→"形状"→"矩形"命令，在幻灯片中画出几个矩形框，对矩形框填充颜色，并进行适当的排列，如图 3-65 所示。

（3）在幻灯片中插入图片，放置于合适位置，如图 3-66 所示。

图 3-65　制作贺卡背景　　　　　　　　　图 3-66　在幻灯片中插入图片

（4）插入几个文本框，分别输入文字，如图 3-67 所示。

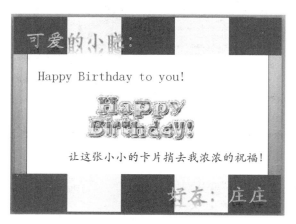

图 3-67　在幻灯片中输入文字

（5）制作触发如下。

① 选择"让这张小小的卡片捎去我浓浓的祝福"的祝福语的文本框，设置好动画效果，单击"高级动画"选项中的触发。

② 在触发列表中单击，从单击的下拉列表中选择触发对象为图片。

③ 播放时，即可在单击图片时触发祝福语。

项目 3-10 使用 PowerPoint 2010 制作枫叶飘落的动画效果

项目演示

目的

(1) 掌握演示文稿中图片的编辑方法。

(2) 掌握演示文稿中动画的制作方法。

制作步骤

(1) 首先,要准备一张枫叶的图片,在素材包中。

(2) 打开 PowerPoint 2010 软件,插入一张空白版式的幻灯片,并设置图片背景为渐变天蓝色。

(3) 单击"插入"选项卡,然后单击"图片"选项组,插入素材中的"枫叶",如图 3-68 所示。

(4) 选中图片单击"格式"选项卡,然后在"调整"区域选择"删除背景"选项。

(5) 此时发现图片会被一个矩形框圈起来,另外有的部分会被玫红色所覆盖,这意味着被覆盖的区域会被删除掉,可以拖动矩形框选取图片区域,如图 3-69 所示。

图 3-68 在幻灯片中插入素材中的图片

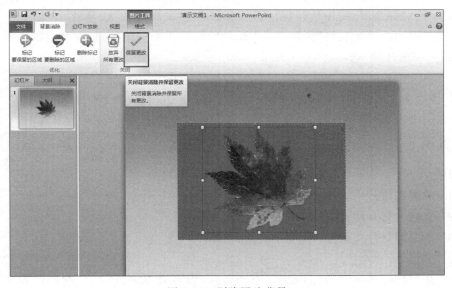

图 3-69 删除图片背景

（6）选择好保留的背景之后单击"保留更改"选项。

（7）之后可以看到图片已经擦出了背景部分，然后拖动图片的矩形框，将其调整为合适的大小。

（8）然后选中图画单击"动画"选项卡，在"高级动画"区域选择"添加动画"选项组，在弹出的下拉菜单中选中"动作路径"区域的"自定义路径"选项，如图 3-70 所示。

图 3-70　添加动作路径

（9）此时，鼠标的光标会变成"笔状"，在幻灯片中绘制一个落叶飘落的曲线。

（10）绘制好之后，同样是在"动画"区域中单击"动画窗格"选项组。

（11）然后在"动画窗格"区域单击"图片 1"后面的下三角按钮，在弹出的下拉菜单中选中"从上一项开始"选项。

项目 3-11　使用 PowerPoint 2010 制作小球弹跳动画

项目演示

目的

（1）掌握幻灯片中自选图形的制作方法。

（2）掌握幻灯片中自选图形填充颜色的方法。

（3）掌握幻灯片中自选图形动画的制作方法。

制作步骤

（1）在"设计"选项卡的"自定义"组中选择"设置背景格式"选项，打开"设置背景格式"窗格，选择"填充"→"图片或纹理填充"命令，选择一幅图片进行背景填充。

（2）在"插入"→"形状"选项卡中找到椭圆，当光标变成十字状时，按住 Shift 键并同时拖动鼠标，绘制一个正圆。

（3）选中圆，右击，选择"设置形状格式"命令。

（4）打开"设置形状格式"对话框，如图 3-71 所示在填充中选择"渐变填充"命令，类型设置为"路径"，渐变光圈的左右两侧分别设置为白色和灰色，然后将"线条颜色"设置为无线条，如图 3-72 所示。

图 3-71　"设置形状格式"对话框

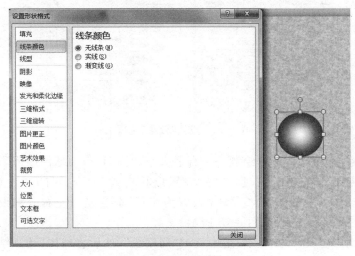

图 3-72　设置"线条颜色"

（5）选中球体，切换到"动画"选项卡，在"添加动画"中选中"直线"动作路径，然后打开动画窗格，选择直线路径动画的"效果选项"命令，如图 3-73 所示。

图 3-73　设置小球的动画

（6）在打开的"向下"对话框的"效果"选项卡中，如图 3-74 所示，设置平滑开始：0.1秒，平滑结束：0.1秒，并勾选"自动翻转"，切换到"计时"选项卡，设置开始：与上一动画同时，期间：1秒，重复：直到幻灯片末尾。

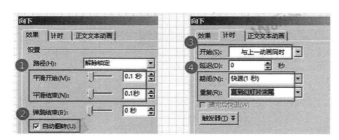

图 3-74　设置"效果"选项卡

（7）插入椭圆，在球体下方绘制一个合适大小的椭圆，作为球体的阴影。

（8）选中椭圆，单击鼠标右键，选择"设置形状格式"命令。打开"设置形状格式"窗口，在填充中选择"渐变填充"命令，类型设置为路径，渐变光圈左右分别设置为深蓝色和浅蓝色，线条设置为无线条，如图 3-75 所示。

（9）在"视图"选项卡的"显示"组中显示"网格线"，然后将球体、动画结尾位置以及阴影对齐。

（10）为阴影添加"放大/缩小"动画，然后在动画窗格中选择它的效果选项，如图 3-76 所示。

（11）弹出"放大/缩小"对话框，在"效果"选项卡中将尺寸设置为 80%，平滑开始：

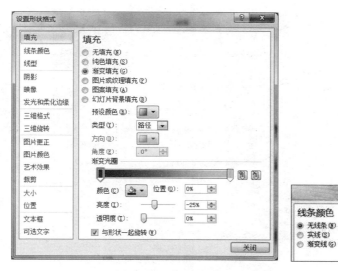

图 3-75　设置阴影的填充与线条颜色

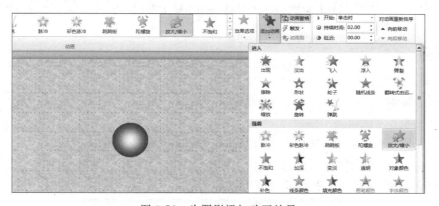

图 3-76　为阴影添加动画效果

0.1 秒,平滑结束:0.1 秒,勾选"自动翻转"选项,然后切换到"计时"选项卡,开始:"与上一动画同时",期间:1 秒,重复:"直到幻灯片末尾",如图产 3-77 所示。

图 3-77　阴影动画效果设置

(12) 右键选中作为阴影的椭圆,将其设置为"置于底层",如图 3-78 所示。

(13) 单击 OK 按钮,小球弹跳动画已经制作完成。

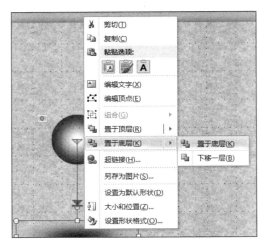

图 3-78　将阴影置于底层

项目 3-12　使用 PowerPoint 2010 制作七彩发光字的方法

项目演示

目的

掌握演示文稿中对多个对象的操作。

制作步骤

(1) 新建幻灯片,在幻灯片中单击鼠标右键,选择"设置背景格式"命令。

(2) 在打开的"设置背景格式"窗格中选择"纯色填充"命令,然后将颜色设置为黑色,如图 3-79 所示。这是为了衬托文字发光效果。

图 3-79　设置背景颜色

（3）在"插入"选项卡中选择"文本框"下的"横排文本框"命令，然后在幻灯片中的合适位置绘制一个横排文本框，如图 3-80 所示。

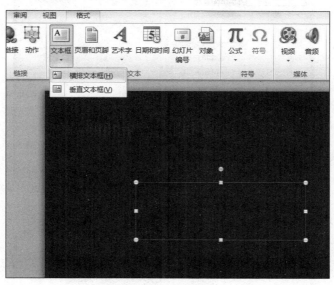

图 3-80　绘制文本框

（4）在文本框中输入文字，如图 3-81 所示，并在"开始"选项卡中对文字进行适当调整，将文字增大，且需要选择粗一点的字体，否则可以给文字加粗。粗一些的文字更适合设置发光效果。

（5）按住 Ctrl 键，选中文本框并向下拖动，将其复制一份备用，如图 3-82 所示。

图 3-81　输入文本

图 3-82　复制文本

（6）选中某一个文本框中的文字，切换到"格式"选项卡，然后打开"艺术字样式"组右下角的对话框启动器。

（7）此时打开了"设置文本效果格式"窗格，选择"文本填充"组中的"渐变填充"命令，并将类型设置为"线性"，方向设置为"线性向右"，如图 3-83 所示。

（8）为"渐变光圈"增加到 4 个节点，选中第一个节点，更改其颜色。

（9）按上述方法给其他节点设置合适的颜色，然后用鼠标拖动节点来更改其位置，如图 3-84 所示。

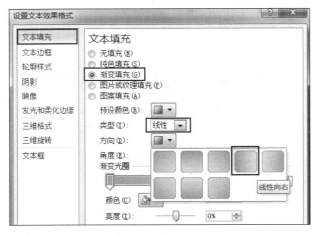

图 3-83　设置颜色填充

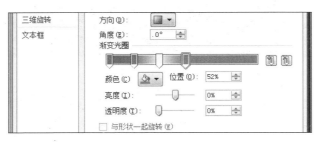

图 3-84　设置光圈

（10）如果觉得渐变的颜色较少，可以单击颜色条右侧的"添加渐变光圈"按钮，然后更改添加的节点的颜色和位置，直到满意为止，如图 3-85 所示。

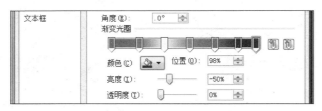

图 3-85　添加渐变光圈

（11）选中更改了文本颜色的文本框，单击鼠标右键，在弹出的快捷菜单中选择"剪切"命令，如图 3-86 所示。

（12）在幻灯片中右击，选中将其粘贴为图片，如图 3-87 所示。

（13）选中粘贴后的图片，右击，选中"设置图片格式"命令。

（14）弹出"设置图片格式"窗格，在"图片更正"选项中将其柔化设置为－100%，如图 3-88 所示。

（15）按住 Ctrl 键，同时拖动图片将其复制 3 份。

（16）切换到"开始"选项卡，在"编辑"组中单击"选择"下的"选择窗格"命令，然后在

图 3-86 剪切文本

图 3-87 粘贴图片

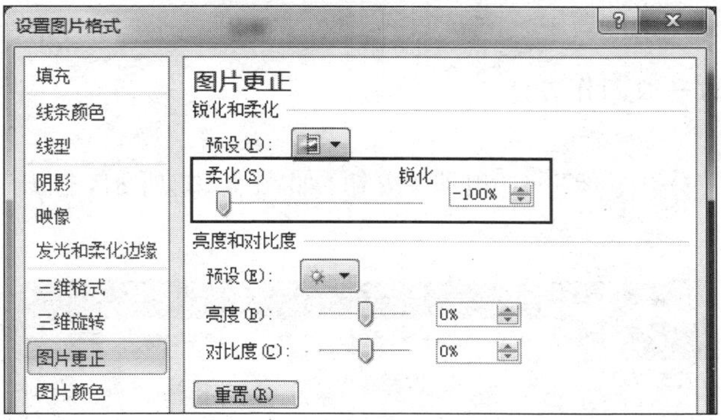

图 3-88 设置图片格式

打开的选择窗格中将文本框移动到最上层,如图 3-89 所示。

（17）使用选择窗格可以精确地选择幻灯片中的每一个对象,现在借助选择窗格,将文本框和图片分别移动到合适的位置,并可以对其做精细化调整,如图 3-90 所示。

图 3-89　打开"选择窗格"

图 3-90　组合

（18）现在，七彩发光字已经制作完成，如果有需要，也可以将其中的图片和文本框组合起来，方便移动。

项目 3-13　使用 PowerPoint 2010 制作电子相册

项目演示

目的

掌握演示文稿的一般制作方法。

操作步骤

（1）选择"插入"→"图像"→"相册"按钮，如图 3-91 所示，打开"相册"对话框，如图 3-92 所示。

图 3-91　单击"相册"按钮

（2）单击其中的"文件/磁盘"命令，打开"插入新图片"对话框。

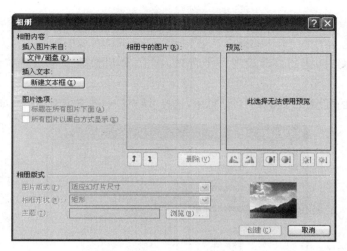

图 3-92 打开"相册"对话框

(3) 定位到照片所在的文件夹,在 Shift 或 Ctrl 键的辅助下,选中需要制作成相册的图片,单击"插入"按钮返回。

(4) 根据需要调整好相应的设置,单击"创建"按钮。

(5) 图 3-93 所示为创建成功的电子相册。

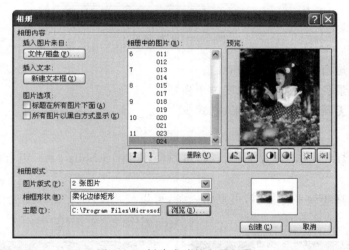

图 3-93 创建成功的电子相册

项目 3-14 网格化纹理 PPT 背景制作

项目演示

目的

掌握 PPT 的高级操作。

操作步骤

1. 图案填充

(1) 新建幻灯片,为幻灯片设置一个背景,右击,弹出快捷菜单,选择"设置背景格式"命令。

(2) 在弹出的"设置背景格式"对话框中,选择"填充"→"图案填充"命令,如图 3-94 所示。

图 3-94　图案填充

(3) 背景色选白色,前景色选择浅色。

(4) 忌讳前景色和背景色对比度过于强烈。

(5) 缺点是无渐变,无透明效果,样式少。

2. 图形填充

(1) 新建幻灯片,在幻灯片上画直线,可以使用 Ctrl+Shift+Alt 组合键辅助画直线,如图 3-95 所示。

(2) 对所画直线做平行复制,再复制一条,可以使用 Ctrl+Shift 组合键辅助操作,如图 3-96 所示。

图 3-95　画直线

图 3-96　复制直线

（3）同时选中两条直线，右击，选择"设置对象格式"命令。

（4）在"设置形状格式"对话框中，将"线条颜色"设置为白色，"透明度"设置为 80%，如图 3-97 所示。

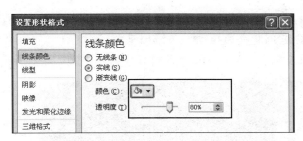

图 3-97 设置线条颜色与透明度

（5）对两条直线进行复制。

（6）在背景上画一个与背景大小相同的矩形，右击，打开"设置形状格式"对话框，选择"线条颜色"→"无线条"→"填充"→"图片或纹理填充"→"插入自"→"剪贴板"命令，并勾选"将图片平铺为纹理"选项，如图 3-98 所示。

图 3-98 设置矩形格式

（7）此时，就可以看到整个画面有纹理效果了，如果对纹理的透明度不满意，可继续调整，直至满意为止。

3．做圆形纹理

（1）新建幻灯片，为幻灯片设置一个深色的背景，使用画图工具在幻灯片上做圆形。

（2）对圆形做格式设置，填充：白色，无线条，透明度：70%，对圆形进行复制。

（3）为幻灯片做一个矩形，大小与幻灯片相同，将矩形设置为无线条，填充：图片或纹理填充。与直线纹理相同，选中"插入自"→"剪贴板"命令，并勾选"将图片平铺为纹理"

选项。

（4）此时，圆形纹理制作成功。

4．重复绘制

（1）新建幻灯片，为幻灯片设置一个深色的背景，使用 Ctrl＋Shift 组合键画直线，并使用 Ctrl＋Shift 组合键再向旁边拉动一条线出来。

（2）按 F4 键，重复操作，直至直线铺满幻灯片为止，如图 3-99 所示。

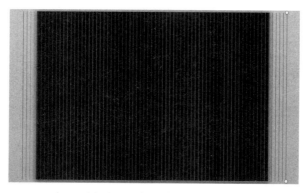

图 3-99　直线铺满幻灯片

（3）按 Ctrl＋A 组合键全选所有的直线，右击，选择"设置对象格式"命令，对所有的直线设置线型、颜色、透明度等。

（4）此时，可以为线条做渐变设置，全选所有直线，右击，在弹出的快捷菜单中，选择"设置形状格式"命令。

（5）"线条颜色"中选择渐变线，"渐变光圈"上保留两个光圈，左侧光圈：颜色为白，透明度设置为 85％；右侧光圈：颜色为白，透明度设置为 40％，如图 3-100、图 3-101 所示。

图 3-100　设置左侧渐变光圈

图 3-101　设置右侧渐变光圈

（6）最后，会发现做出的背景色是明暗渐变的，让画面更有商务感，如图 3-102 所示。

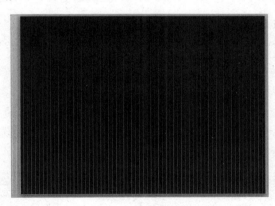

图 3-102　最终效果

项目 3-15　PPT 的图片处理法

项目演示

目的

掌握 PPT 的对图片的高级处理方法。

操作步骤

1. 图片模糊效果

（1）当幻灯片背景较为复杂，影响文字的阅读时，应该将图片模糊处理，如图 3-103

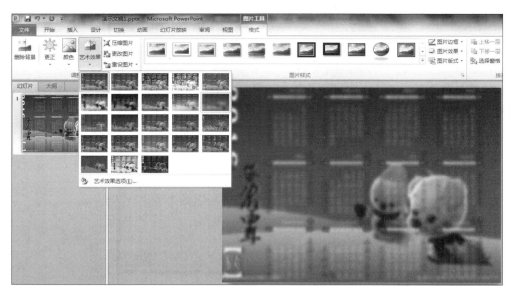

图 3-103　背景图片模糊处理

所示。

(2) 新建幻灯片,选择一张图片作为背景。

(3) 选中图片,选择"格式"→"调整"→"艺术效果"→"虚化"命令。

2. 为背景图片添加多种艺术效果

(1) 先为背景图片设定一种艺术效果,如"虚化"。

(2) 剪切背景图片。

(3) 按 Ctrl + Alt + V 组合键打开"选择性粘贴"对话框,选择"粘贴"为"图片(PNG)",如图 3-104 所示。

图 3-104　"选择性粘贴"对话框

(4) 单击已经模糊的图片,为图片再次添加一种艺术效果,可以选择"艺术效果选项"命令,为艺术效果做调整,如图 3-105 所示。

图 3-105　为背景图片制作了两种艺术效果

3.图片切割处理

（1）将一张图片分成若干个区域,可以对每一张分别制作动画效果或艺术效果。

（2）新建幻灯片,选择一张图片作为背景。

（3）单击图片,选择"插入"→"表格"命令,插入一个 4×4 的表格,调整表格与图片相同大小。

（4）将表格的所有边框颜色设置为白色,并将所有边框的粗细设置为同一个磅值。

（5）将表格隐藏,选择"开始"→"编辑"→"选择"→"选择窗格"命令,打开"选择和可见性"窗格,如图 3-106 所示,将"表格"后面的眼睛关闭,即可将表格隐藏,如图 3-107 所示。

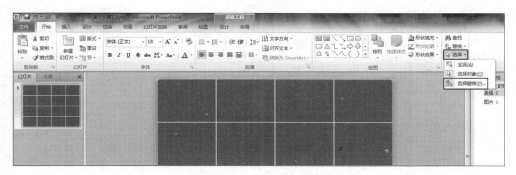

图 3-106　打开"选择和可见性"窗格

图 3-107　隐藏表格

（6）将背景图片剪切,可视表格(既将表格后的眼睛打开),全选表格,右击,选中"设置形状格式"命令。

（7）在"设置形状格式"对话框中,选择"填充"→"图片或纹理填充"→"插入自"→"剪贴板"命令,并勾选"将图片平铺为纹理"选项,如图 3-108 所示。设置完成后关闭对话框。

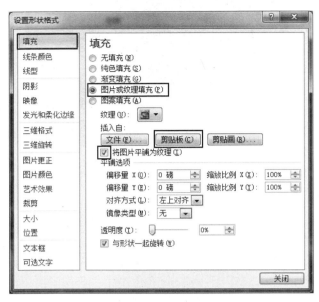

图 3-108　"设置形状格式"对话框

（8）此时图片已经被表格覆盖,但是还不能分割,接下来,剪切这张带有表格的新图片(Ctrl＋V),选择"选择性粘贴"命令(Ctrl＋Alt＋V),选择粘贴为"图片(增强型图元文件)",如图 3-109 所示。

图 3-109　"选择性粘贴"对话框

（9）对图片右击,选择"组合"→"取消组合"命令,做两次"取消组合"操作,如图 3-110 所示,此时图片可以任意分离,分别做动画效果或者艺术效果。(如果只进行一次"取消组合"操作,图片不能分离开做动画效果。)

4. 图片遮罩处理

（1）将一张图片分成若干个区域,可以制作图片的明暗相间的效果。

（2）新建幻灯片,选择一张图片作为背景。

图 3-110　"取消组合"操作两次

（3）单击图片，选择"插入"→"表格"命令，插入一个 4×4 的表格，调整表格与图片相同大小。

（4）将表格填充为黑色，边框设置为无边框。

（5）剪切表格（Ctrl＋V），打开"选择性粘贴"对话框（Ctrl＋Alt＋V），选择粘贴为"图片（增强型图元文件）"。

（6）将表格图片移到背景图片上，微调表格图片，使之将背景图片完全覆盖。

（7）将表格图片"取消组合"操作两次。

（8）将表格分离开的图片全选，右击，选择"设置对象格式"→"填充"→"纯色填充"命令，颜色：黑色，透明度：80％～85％，如图 3-111 所示。

图 3-111　"设置形状格式"对话框

（9）此时，可以将想要明亮区域的黑色格删除，就达到了让整个图片闪动起来的效果，最终效果如图 3-112 所示。

图 3-112　最终效果

第四篇

数据处理技术

知识要点

（1）Excel 表格的制作，数据的输入和编辑方法。

（2）Excel 工作表框架格式设置方法。

（3）Excel 工作簿相关属性的设置方法。

（4）Excel 表格中公式、函数的用法和技巧。

（5）Excel 中统计图表的建立和应用。

（6）Excel 工作簿数据导入的知识。

（7）Excel 同一工作簿中的不同工作表中的数据的复制与计算。

（8）Excel 工作簿中宏的设置。

（9）Excel 工作簿中方案摘要的建立方法。

项目 4-1　Excel 表格中数据的输入和编辑

项目演示

目的

掌握 Excel 表格中数据的输入与编辑的基本技巧。

要求

（1）录入数据，如图 4-1 所示。

	A	B	C	D	E	F	G	H
1				计算机成绩表				
2	学号	姓名	性别	作业	考勤	期末考试	期末总评	
3		王小原	男	85	98	93		
4		赵平		62	60	56		
5		张静		91	79	26		
6		林美龄		86	90	69		
7		肖军		93	85	84		
8		巴图		78	90	71		
9		刘邦		80	75	81		
10		阿古拉		60	85	74		
11		马小林		64	85	71		
12		张大维		78	74	80		

图 4-1　计算机成绩表

（2）录入"学号"一列数据：0502001、0502002、…、0502010。

（3）设置数据的有效性，在下面的表格中，设置"性别"一列，只允许输入"男""女"。

（4）"期末考试"一列，分数须在 0~100 之间。输入错误时提示输入错误。

操作步骤

（1）选中"学号"列。

（2）右击，在弹出的快捷菜单中选择"设置单元格格式"命令。

（3）选中"数字"，选择"文本"。

（4）选中"性别"列。

（5）打开"数据"，选择"数据有效性"选项。

（6）选择"设置"→"有效性条件"→"允许"→"序列"命令；来源填入"男,女"；单击"确定"按钮。

（7）选中"期末考试"列。

（8）打开"数据"，选择"数据有效性"。

（9）选择"设置"→"有效条件"→"允许"→"整数"命令，数据选择"介于"，最小值输入0，最大值输入100，单击"确定"按钮。

（10）选择"出错警告"→"样式"→"警告"命令，标题输入"输入错误"，错误消息输入"数字输入错误，重新输入"，单击"确定"按钮。

实训任务

【任务 4-1】 单元格数据显示格式设置。

（1）完成如图 4-2 所示的员工绩效考核分数表。

姓名	员工编号	第一季	第二季	第三季	第四季	平均分数
						员工绩效考核分数表 人事科制
何欣凰	214001	78	82	96	72	82.00
余思涵	214002	72	87	90	94	85.75
吴昭燕	214003	67	84	84	87	80.50
沈雅琴	214004	98	72	87	82	84.75
周盈萱	214005	94	95	69	98	89.00
周思娴	214006	87	90	78	95	87.50
林美秀	214007	84	93	98	90	91.25
林明慧	214008	72	87	90	94	85.75
周佩如	214009	78	82	94	76	82.50
周淑怡	214010	71	98	70	88	81.75
张玉颖	214011	70	95	88	85	84.50
张信男	214012	88	90	85	96	89.75
梁淑婷	214013	85	93	96	84	89.50
许湘璇	214014	96	94	84	78	88.00

图 4-2 员工绩效考核分数表

（2）单元格范围 B3:B47 建立和套用数据格式：每个员工"员工编号"数据的前面加上"U"字母。

（3）"平均分数"一列设置为"数值"格式，保留一位小数。

【任务 4-2】 单元格数据的填充输入。

（1）完成如图 4-3 所示的"2015 年爱心捐款表"。

（2）在单元格 B55 上建立和套用自定义格式：使该单元格能保留原始的数字格式并在任何输入的数字或公式之前插入"总金额："这 4 个字符。

（3）填充"班级"一列数据。

【任务 4-3】 使用记录单输入数据。如图 4-4 所示，录入学生成绩表数据，使用记录单在第一条记录前面插入自己的姓名、学号等相对应的信息。

	A	B	C
1	2015年爱心捐款表		
2			
3	班级	捐款金额	捐款目的
4	信息一	550	本校爱心基金
5		250	联合募捐
6		5000	助学基金
7	工程一	2000	联合募捐
8		6000	助学基金
9		1250	联合募捐
10		5000	本校爱心基金
11	美术一	2500	助学基金
12		200	帮扶基金会
13	传媒一	200	联合募捐
14		200	助学基金
15		2500	希望基金会
16		200	希望基金会
17	计算机一	5000	本校爱心基金
18		10000	希望基金会
19		2000	联合募捐

图 4-3 2015 年爱心捐款表

	A	B	C	D	E	F	G	H	I	J	K	L
1	建工系2006级11班学生成绩表											
2	学号	姓名	性别	计算机	数学	英语	制图	体育	力学	总分	均分	名次
3	'080301	路孝弘	男	87	78	84	56	67	60			
4	'080302	张琴	女	74	85	94	89	76	65			
5	'080303	安艳峰	男	60	56	78	89	90	78			
6	'080304	白林波	男	87	54	91	88	73	83			
7	'080305	刘维凯	男	87	45	56	87	71	80			
8	'080306	孙志慧	女	71	85	94	61	65	54			
9	'080307	白皓婷	女	88	91	74	83	80	87			
10	'080308	杨达赖	男	54	78	89	65	69	70			

图 4-4 学生成绩表

提示：需要在"Excel 选项"中将"记录单"命令添加到自定义分组中。

项目 4-2 编辑与格式化工作表

项目演示

目的

学习创建表格框架、格式化表格。

要求

创建"学生成绩统计表"表格框架，对表格的格式进行美化。

操作步骤

（1）创建如图 4-5 所示的"×××中学高三第一次模拟考试成绩单"的工作表。

（2）右击理科（12）班标签，在弹出的快捷菜单中选择"插入"命令，打开"插入"对话框。在"常用"选项卡中选择工作表，单击"确定"按钮。图 4-6 所示为插入一个新工作表。并将新工作表移到理科（12）班右侧。

（3）双击新工作表的标签，重命名为"常规统计"，单击任意单元格，完成标签修改，如图 4-7 所示。

（4）在 A1 单元格内输入学生成绩统计表，字体定义为黑体，字号为 22 磅，行高为 36 榜，在 A2 输入"科目"。

（5）合并单元格 B2、C2，在合并后单元格输入"分析项目"。

	考生号	姓名	语文			数学			外语			理综			总分	年级名次
			小计	客观	主观	小计	客观	主观	小计	客观	主观	小计	客观	主观		
×××中学高三第一次模拟考试成绩单																
理科（12）班														2015-8-19		
	1290101000431	苏帆	121	33	88	111	50	61	78	14	64	235	111	124	545	
	1290101000432	李美桃	107	32	75	120	52	68	92	25	67	257	133	124	576	
	1290101000433	孙静	105	31	74	132	55	77	95	27	68	248	123	125	580	
	1290101000434	张雪慧	100	25	75	131	56	75	114	28	86	244	121	123	589	
	1290101000435	张梦同	98	23	75	130	58	72	124.5	26.5	98	242	121	121	594.5	
	1290101000436	王爱玲	107	34	73	127	57	70	122	25	97	246	125	121	602	
	1290101000437	刘晓斌	96	22	74	131	59	72	110.5	22.5	88	251	126	125	588.5	
	1290101000438	梁宝银	106	21	85	127	55	72	107	22	85	203	101	102	543	
	1290101000439	刘文辉	80	15	65	137	60	77	109.5	23.5	86	199	98	101	525.5	
	1290101000440	贾越冬	101	16	85	124	60	64	115	28	87	191	88	103	531	
	1290101000441	王玉平	69	14	55	111	50	61	90.5	25.5	65	181	77	104	451.5	
	1290101000442	邢瑞龙	87	25	62	120	52	68	71.14	16.14	55	168	67	101	446.1	
	1290101000443	史用花	94	27	67	132	55	77	80	16	64	176	78	98	482	
	1290101000444	过小龙	96	28	68	131	56	75	81	14	67	187	99	88	495	
	1290101000445	胡学刚	115	29	86	130	58	72	96.5	28.5	68	223	98	125	564.5	
	1290101000446	王志兵	123	25	98	127	57	70	113	27	86	203	77	126	566	
	1290101000447	赵健生	129	32	97	132	59	73	123.5	25.5	98	222	121	101	606.5	
	1290101000448	赵云	110	22	88	127	55	72	98	23	75	219	121	98	554	
	1290101000449	李鹏	111	26	85	132	60	72	110	34	76	213	125	88	566	
	1290101000450	王磊	114	28	86	132	60	72	108	34	74	179	102	77	533	
	1290101000451	孙新	115	28	87	128	56	72	111.5	26.5	85	168	101	67	522.5	

图 4-5　×××中学高三第一次模拟考试成绩单

图 4-6　插入新工作表

图 4-7　修改新工作表名称

（6）在 D2～O2 单元格中依次输入"1 班"～"12 班"，字体设置为黑体。

（7）合并 A3～A11 单元格，输入"语文"。合并 B3 和 C3 单元格，输入"最高分"。合并 B4 和 C4 单元格，输入"最低分"。

（8）合并 B5～B9 单元格，输入"分"，按 Alt＋Enter 组合键输入"数"，按 Alt＋Enter 组合键输入"段"。以此类推，完成"学生成绩统计表"的创建。

（9）选中 A2～C38 区域，按住 Ctrl 键，单击 D2～O2 单元格。在选中的区域右击，在弹出的快捷菜单中选择"设置单元格格式"命令。

（10）打开"单元格格式"对话框，打开"边框"选项卡，进行相应设置，如图 4-8 所示。

（11）打开"填充"选项卡，在单元格底纹选项区的颜色列表框中，选择浅绿色，然后单

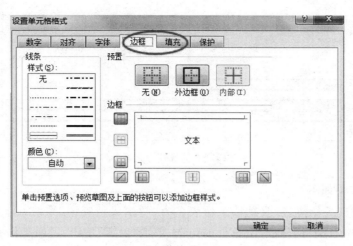

图 4-8 设置单元格格式

击"确定"按钮,返回工作表。

　　(12) 选定 D3～O38 单元格区域,打开"单元格格式"对话框,打开"边框"选项卡,进行相应设置,单击"确定"按钮,返回工作表。

　　(13) 将 A 列列宽定义为 6 磅,B 列宽为 4 磅,C 列列宽为 12 磅,D～O 列列宽为 7.5 磅。选中标题行,合并居中。

　　(14) 完成表格框架的创建,如图 4-9 所示。

图 4-9 学生成绩统计表框架

实训任务

　　【任务 4-4】 制作学生成绩查询表,如图 4-10 所示,对表格进行单元格格式设置,对表格进行行高和列宽的设置。

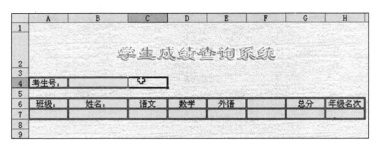

图 4-10　学生成绩查询系统

参考操作步骤如下。

（1）新建空白工作簿，修改默认工作表名为"学生成绩查询"系统。单击"视图"选项卡，在"显示"组中取消"网格线"复选框的勾选，单击"确定"按钮，返回工作表。

（2）单击"页面布局"选项卡，在"页面设置"组中单击"背景"按钮，打开"工作表背景"对话框，选定要添加的背景图案，单击"插入"按钮，返回工作表。

（3）右击第二行行标题，在弹出的快捷菜单中选择"行高"命令，打开"行高"对话框，将行高设置为 54 磅，单击"确定"按钮。用同样的方法将 A 列、C～H 列列宽定义为 9 磅。将 B 列列宽定义为 14 磅，返回工作表。

（4）右击 B4 单元格，选择"设置单元格格式"命令，打开"单元格格式"对话框。在"数字"选项卡的"分类"列表框中选择"自定义"，在"类型"列表框中选择 0，单击"确定"按钮，返回工作表。

（5）同上，右击 C7～H7 单元格区域，选择"设置单元格格式"命令，打开"单元格格式"对话框。在"数字"选项卡中选择"数值"选项，在"小数位数"微调框中选择 1，单击"确定"按钮，返回工作表。

（6）在"插入"选项卡的"文本"组中，单击"艺术字"按钮，在弹出的下拉列表中选择第 1 行第 5 列样式。输入文字"学生成绩查询系统"，设置字体为隶书，字号为 36 磅。选择"绘图工具"→"格式"→"形状样式"→"形状效果"→"阴影"→"右下斜偏移"命令，然后将艺术字移动到第二行的合适位置。

（7）在 A4 单元格输入"考生号"，在 A6 单元格输入"班级"。在 B6 单元格输入"姓名"。输入表头数据后分别对 A4～B4，A6～H7 单元格区域进行单元格格式设置。

【任务 4-5】　制作停车情况收费系统表，如图 4-11 所示，对表格进行单元格格式设置，对表格进行行高和列宽的设置。

参考操作步骤如下。

（1）插入一个新工作表，命名为"停车收费系统"。

（2）在 A1 单元格内输入"停车收费系统"，字体定义为楷体，加粗，字号为 20 磅，行高为 34 磅。

（3）合并 A2～A3 单元格并输入"车牌"。合并 B2～B3 单元格并输入"开始停车时间"。合并 C2～C3 单元格并输入"结束停车时间"。

停车收费系统								
车牌	开始停车时间	结束停车时间	累计时间				每小时费用（元）	总费用（元）
			天数	小时数	分钟数	累计小时数		

图 4-11　停车收费系统

(4) 合并 D2～G2 单元格并输入“累计时间”。在 D3 单元格中输入“天数”，在 E3 单元格中输入“小时数”，在 F3 单元格中输入“分钟数”，在 G3 单元格中输入“累计小时数”。

(5) 合并 H2～H3 单元格并输入“每小时费用(元)”，合并 I2～I3 单元格并输入“总费用(元)”。

(6) 合并 A1～I1 单元格，并给合并后的单元格添加“黄色底纹”。

(7) 选中 A2～I3 单元格，设置底纹为“灰色－25%”。

(8) 设置 A 列列宽为 10 磅，B 列和 C 列列宽为 15 磅，D、E、F 列列宽为 8 磅，G、H、I 列列宽为 11 磅。

(9) 选中 A2～I3 单元格，设置单元格中数据居中对齐。然后为表格添加边框。

【任务 4-6】 制作溶解度测定表，如图 4-12 所示。

溶解度测定			
时间/s	ADH	SJI	LMK
3	0.356	0.011	0.460
6	0.522	0.210	0.596
9	0.691	0.280	0.841
12	0.975	0.294	0.992
15	1.210	0.631	1.390
18	1.440	0.854	0.912
21	1.530	1.170	0.655
24	1.330	1.360	0.522
27	1.060	1.120	0.497
30	1.040	1.110	0.360
33	0.990	1.070	0.220

图 4-12　溶解度测定

【任务 4-7】 设置条件格式。制作的职员登记表如图 4-13 所示。使用条件格式对“部门”列所有数据为“市场部”的单元格设定特殊格式：灰色底纹，倾斜字体。

职员登记表							
序号	部门	员工编号	性别	年龄	籍贯	工龄	工资
1	*市场部*	K12	男	30	陕西	5	￥2,000.00
2	测试部	C24	男	32	江西	4	￥1,600.00
3	文档部	W24	女	26	河北	2	￥1,200.00
4	*市场部*	S21	男	25	山东	4	￥1,800.00
5	开发部	S20	女	26	江西	2	￥1,900.00
6	开发部	K01	女	26	湖南	2	￥1,400.00
7	*市场部*	W08	男	24	广东	1	￥1,200.00
8	测试部	C04	男	22	上海	5	￥1,800.00

图 4-13　职员登记表

参考操作步骤如下(仅对“条件格式”部分)。

(1) 选择“开始”→“样式”→“条件格式”→“新建规则”命令，弹出“新建格式规则”对话框。

(2) 选择“规则类型”为“只为包含以下内容的单元格设置格式”。

(3) 在“编辑规则说明”中进行设置，如图 4-14 所示。

图 4-14　新建格式规则

项目 4-3　工作簿数据的导入

项目演示

目的

掌握向工作簿中导入外部数据的方法。

要求

(1) 建立名称为"员工资料.txt"的文本文档,如图 4-15 所示 。

(2) 创建如图 4-16 所示的工作表,在单元格 A5 中,将"员工资料.txt"的文本文件导入,空格分隔,不导入"员工姓名"列。

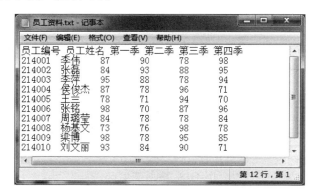

图 4-15　员工资料

操作步骤

(1) 选择"数据"→"获取外部数据"→"自文本"命令,弹出"导入文本文件"对话框,选中文件"员工资料.txt"。

	A	B	C	D	E	F	G
1				管理部			
2			销售科员工考核评分表				
3							
4	员工编号	员工姓名	第一季	第二季	第三季	第四季	平均分数
5							等候评比
6							等候评比
7							等候评比
8							等候评比
9							等候评比
10							等候评比
11							等候评比
12							等候评比
13							等候评比
14							等候评比

图 4-16　销售科员工考核评分表

（2）进入"文本导入向导"对话框，选择"分隔符号"命令，如图 4-17 所示。单击"下一步"按钮。

图 4-17　文本导入向导第 1 步

（3）在"文本导入向导"第 2 步，选择"分隔符号"为"空格"选项，如图 4-18 所示。单击"下一步"按钮。

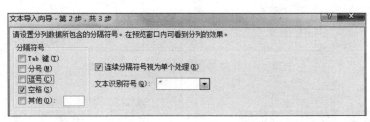

图 4-18　文本导入向导第 2 步

（4）在"文本导入向导"第 3 步，在"数据预览"中选择"姓名"列，在"列数据格式"中选择"不导入此列（跳过）"命令，如图 4-19 所示。单击"完成"按钮，完成文本数据的导入。

完成后的最终效果如图 4-20 所示。

实训任务

【任务 4-8】　工作簿数据导入。

（1）建立名称为"曙光工厂产量统计.txt"的文本文档，如图 4-21 所示 。

（2）创建新工作表，将"员工资料.txt"的文本文件导入，逗号分隔，不导入"二车间""三车间"列。

（3）完成工作表的格式设置，如图 4-22 所示。

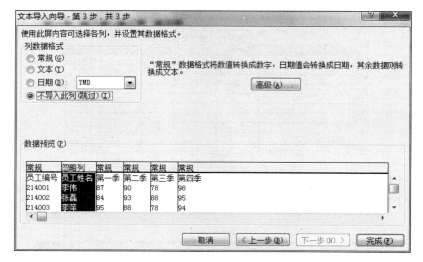

图 4-19　文本导入向导第 3 步

	A	B	C	D	E	F	G
1				管理部			
2							
3				销售科员工考核评分表			
4	员工编号	员工姓名	第一季	第二季	第三季	第四季	平均分数
5	214001	李伟	87	90	78	98	等候评比
6	214002	张磊	84	93	88	95	等候评比
7	214003	李萍	95	88	78	94	等候评比
8	214004	侯俊杰	87	78	96	71	等候评比
9	214005	王兰	78	71	94	70	等候评比
10	214006	张铭	98	70	87	96	等候评比
11	214007	周璐莹	84	78	78	84	等候评比
12	214008	杨基文	73	76	98	78	等候评比
13	214009	梁博	98	78	95	85	等候评比
14	214010	刘文丽	93	84	90	71	等候评比

图 4-20　管理部销售科员工考核评分表

	A	B
1	曙光工厂一车间 2015年产量统计	
2	月份	一车间
3	1	16
4	2	15
5	3	12
6	4	17
7	5	13
8	6	16
9	7	19
10	8	20
11	9	21
12	10	16
13	11	16
14	12	19

图 4-21　曙光工厂产量统计　　　　　图 4-22　曙光工厂一车间 2015 年产量统计

项目 4-4　设置工作簿属性

项目演示

目的

掌握工作簿及其中工作表的相关属性设置。

要求

（1）设置工作簿的共享属性使不同用户可方便操作。

（2）对如图 4-23 所示的表格设置工作簿共享，允许一次可由多位使用者对该文档进行变更，并让该工作簿每隔 10 分钟更新一次变更的信息。

操作步骤

（1）新建空白工作簿，选择"审阅"→"更改"→"共享工作簿"命令，打开"共享工作簿"对话框，勾选"允许多用户同时编辑，同时允许工作簿合并"复选框，效果如图 4-24 所示。

（2）在"共享工作簿"对话框中的"高级"选项卡，设置"更新"项，将自动更新时间间隔设为 10 分钟，效果如图 4-25 所示。

设备分配清单		
设备名称	单价（元）	数量
服务器	40,000	2
工作站	22,000	2
工作站	22,000	1
工作站	22,000	1
笔记本	30,000	1
笔记本	30,000	1
笔记本	30,000	1
激光打印机	5,000	1
激光打印机	5,000	1
激光打印机	5,000	1
激光打印机	16,000	1
扫描仪	5,000	1
扫描仪	5,000	1
网络软件	12,000	1

图 4-23　设备分配清单

图 4-24　共享工作簿

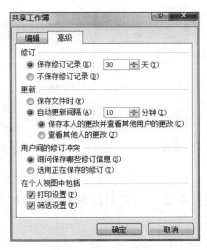

图 4-25　更新时间设置

（3）单击"确定"按钮，完成操作。

实训任务

【任务 4-9】　设置工作簿自定义属性。为如图 4-26 所示的表格创建自定义属性，属性名称为"机密"，加上"是或否"数据类型，并将默认值设为"是"。

【任务 4-10】 设置工作表保护。

（1）将如图 4-27 所示的工作表保护起来，仅允许在单元格 C5：C8 中输入数据项（注意保留原有的预设值）。

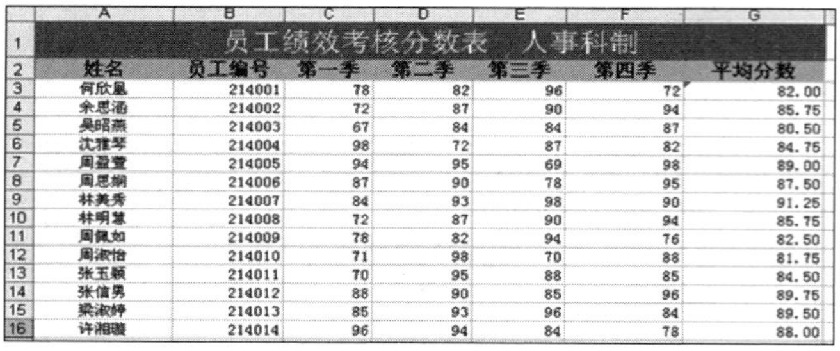

图 4-26　员工绩效考核分数表　　　　　　　　　　图 4-27　便利店营业额表

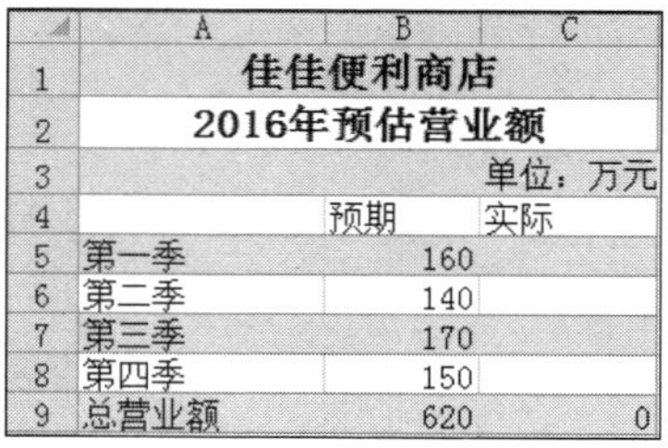

（2）修改预设设定，让工作簿能每隔 8 分钟自动地储存到 C:\ 下。

（3）将"放大"按钮新增到"开始"选项卡的"新建（自定义）"组（需要新建组），如图 4-28 所示。

图 4-28　自定义功能区

项目 4-5　使用函数和公式

项目演示

目的

掌握 Excel 表格中函数的用法和技巧，如函数的输入，函数向导的使用等，并掌握手工输入函数的方法。

要求

使用 Excel 中 MAX 函数求出各班语文、数学、英语、文综/理综最高分；使用 MIN 函数求出各班语文、数学、英语、文综/理综最低分；使用 AVERAGE 函数求出各班每门成绩的平均分；使用 COUNTIF 求出各班不同分数段的人数和各班的及格率。完成数据常规统计。

操作步骤

(1) 打开项目 4-2 创建好的“学生成绩统计表”，进行单元格操作。

(2) 在 D3 单元格输入“＝MAX(文 1 班！$C$6：$C$55)”，计算文 1 班语文最高分，如图 4-29 所示。

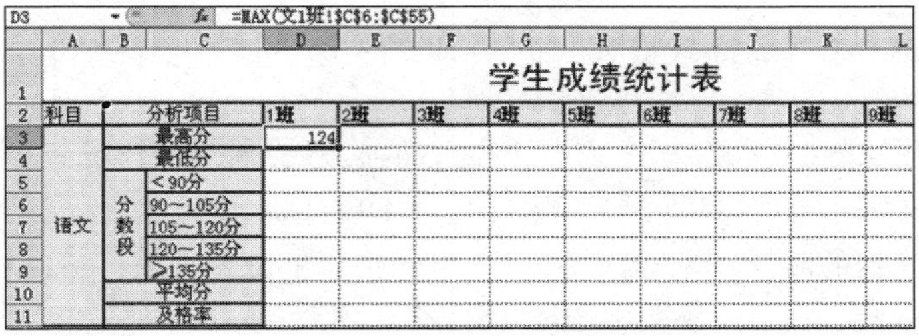
D3　fx　=MAX(文1班!$C$6:$C$55)

	A	B	C	D	E	F	G	H	I	J	K	L
1							学生成绩统计表					
2	科目		分析项目	1班	2班	3班	4班	5班	6班	7班	8班	9班
3	语文		最高分	124								
4			最低分									
5		分数段	<90分									
6			90～105分									
7			105～120分									
8			120～135分									
9			>135分									
10			平均分									
11			及格率									

图 4-29　语文成绩最高分计算

(3) 在 D4 单元格输入“＝MIN(文 1 班！$C$6：$C$55)”，计算文 1 班语文最低分。

(4) 在 D5 单元格输入“＝COUNTIF(文 1 班！$C$6：$C$55,"＜90")”，计算文 1 班语文 90 分以下的学生人数。

(5) 在 D6 单元格输入“＝COUNTIF(文 1 班！$C$6：$C$55,"＞＝90"－COUNTIF(文 1 班！$C$6：$C$55,"＞＝105")”，计算文 1 班语文成绩 90～105 分之间的学生人数。

(6) 在 D7 单元格输入“＝COUNTIF(文 1 班！$C$6：$C$55,"＞＝105")－COUNTIF(文 1 班！$C$6：$C$55,"＞＝120")”，计算文 1 班语文成绩 105～120 分之间的学生人数。

(7) 在 D8 单元格输入“＝COUNTIF(文 1 班！$C$6：$C$55,"＞＝120")－COUNTIF(文 1 班！$C$6：$C$55,"＞＝135")”，计算文 1 班语文成绩 120～135 分之间的学生人数。

(8) 在 D9 单元格输入“＝COUNTIF(文 1 班！$C$6：$C$55,"＞＝135")”，计算文 1 班语文成绩大于等于 135 分的学生人数，如图 4-30 所示。

(9) 在 D10 单元格输入“＝AVERAGE(文 1 班！$C$6：$C$55)”，计算文 1 班语文平均成绩。

(10) 在 D11 单元格输“＝COUNTIF(文 1 班！$C$6：$C$55,"＞＝90")/COUNT(文 1 班！$C$6：$C$55)”，计算文 1 班语文的及格率。

(11) 选中 D3：D11 单元格区域，鼠标指针指向 D11 单元格右下角，出现填充柄后，水平拖动到 O11 单元格，完成数据的横向自动填充。单击自动填充右侧的下三角按钮，

	D6		▼	f_x	=COUNTIF(文1班!$C$6:$C$55,">=90")-COUNTIF(文1班!$C$6:$C$55,">=105")						
	A	B	C	D	E	F	G	H	I	J	K	L

科目		分析项目	1班	2班	3班	4班	5班	6班	7班	8班	9班
语文	分数段	最高分	124								
		最低分	82								
		<90分	1								
		90~105分	18								
		105~120分	22								
		120~135分	9								
		>135分	0								
		平均分									
		及格率									

图 4-30　语文成绩及格率计算

在下拉菜单中选择"不带格式填充"命令,如图 4-31 和图 4-32
所示。

（12）在对 D12:D20 输入公式计算时,将原公式替换为
"＝MAX(文 1 班!＄F＄6:＄F＄55)",然后选中 D12:D20 单元格
区域,在出现填充柄的时候,水平拖动到 O20 单元格。单击自动填
充右侧的下三角按钮,在下拉菜单中选择"不带格式填充"命令。

图 4-31　不带格式填充

科目		分析项目	1班	2班	3班	4班	5班	6班	7班	8班	9班	10班	11班	12班
语文	分数段	最高分	124	124	124	124	124	124	124	124	124	124	124	124
		最低分	82	82	82	82	82	82	82	82	82	82	82	82
		<90分	1	1	1	1	1	1	1	1	1	1	1	1
		90~105分	18	18	18	18	18	18	18	18	18	18	18	18
		105~120分	22	22	22	22	22	22	22	22	22	22	22	22
		120~135分	9	9	9	9	9	9	9	9	9	9	9	9
		>135分	0	0	0	0	0	0	0	0	0	0	0	0
		平均分	107	107	107	107	107	107	107	107	107	107	107	107
		及格率	98%	0.98	0.98	0.98	0.98	0.98	0.98	0.98	0.98	0.98	0.98	0.98

图 4-32　语文成绩统计公式复制结果

（13）在对 D21:D29 中的公式计算时,将原公式替换为"＝MAX(文 1 班!＄F＄6:
＄F＄55)",然后选中 D21:D29 单元格区域,在出现填充柄的时候,水平拖动到 O29 单元
格。单击自动填充右侧的下三角按钮,在下拉菜单中选择"不带格式填充"命令。

（14）在 D30 单元格输入"＝MAX(文 1 班!＄L＄6:＄L＄55)";在 D31 单元格输入
"＝MIN(文 1 班!＄L＄6:＄L＄55)"。

（15）统计各成绩区间的人数。

① 在 D32 单元格输入"＝COUNTIF(文 1 班!＄L＄6:＄L＄55,"<180")"。

② 在 D33 单元格输入"＝COUNTIF(文 1 班!＄L＄6:＄L＄55,">180")－
COUNTIF(文 1 班!＄L＄6:＄L＄55,">=210")"。

③ 在 D34 单元格输入"＝COUNTIF(文 1 班!＄L＄6:＄L＄55,">210")－
COUNTIF(文 1 班!＄L＄6:＄L＄55,">=240")"。

④ 在 D35 单元格输入"＝COUNTIF(文 1 班!＄L＄6:＄L＄55,">240")－
COUNTIF(文 1 班!＄L＄6:＄L＄55,">=270")"。

⑤ 在 D36 单元格输入"＝COUNTIF(文 1 班!＄L＄6:＄L＄55,">=270")";在

D37 单元格输入"＝average(文 1 班!＄L＄6：＄L＄55)"。

⑥ 在 D37 单元格输入"＝COUNTIF(文 1 班!＄L＄6：＄L＄55,"＞＝90")/count(文 1 班!＄L＄6：＄L＄55)"。

(16) 选中 D30：D38 单元格区域,在出现填充柄的时候,水平拖动到 O38 单元格。单击自动填充右侧的下三角按钮,在下拉菜单中选择"不带格式填充"命令。

(17) 单击 E 列列标题,单击"编辑"替换命令,打开"查找和替换"对话框,在查找内容右侧的下拉列表框中输入"文 1 班",在替换为右侧的下拉列表框中输入"文 2 班",单击"全部替换"按钮,如图 4-33 所示。

图 4-33 列内容替换操作

(18) 用同样的方法完成其他列的数据统计工作。至此完成学生统计的全部工作,如图 4-34 所示。

图 4-34 学生成绩统计表

实训任务

【任务 4-11】 使用求和函数 SUM、平均值函数 AVERAGE。计算如图 4-35 所示工作表中的"平均分"和"总分",其中平均分使用平均值函数 AVERAGE,总分使用求和函数 SUM。

【任务 4-12】 使用统计函数 COUNTIF。计算如图 4-36 所示工作表中的"计算机期末考试成绩分析"和"期末总评",具体要求如下。

	A	B	C	D	E	F	G
1	学号	姓名	数学	外语	计算机	平均分	总分
2	1	李勇	80	77	65		
3	2	王晓明	67	86	90		
4	3	赵忠明	43	67	78		
5	4	倪 萍	79	76	85		
6	5	李亚平	75	75	88		
7	6	李小冉	57	93	84		
8	7	刘毅唯	60	75	76		
9	8	姚 明	87	78	92		
10	9	赵蕊蕊	90	82	86		
11	10	孔令辉	77	69	85		

图 4-35　考试成绩单

	A	B	C	D	E	F	G	H
1	作业一：学生成绩登计表							
2			计算机成绩表					
3	学号	姓名	作业	考勤	期末考试	期末总评		
4	0502001	王小原	85	98	93			
5	0502002	赵平	62	60	56			
6	0502003	张静	91	79	87			
7	0502004	林美龄	86	90	69			
8	0502005	肖军	93	85	84			
9	0502006	巴图	78	90	71			
10	0502007	刘邦	80	75	81			
11	0502008	阿古拉	60	85	74			
12	0502009	马小林	64	85	71			
13	0502010	张大维	78	74	80			
14								
15	计算机期末考试成绩分析							
16	分数段	90分以上	80～89	70～79	60～69	不及格		
17	人数							
18	比例%							

图 4-36　学生成绩登记表

（1）统计学生"期末考试"成绩,各分数段的人数,并计算比例,按百分率计算。

（2）期末考试不及格使用红色字体。

（3）计算"期末总评",期末考试不及格比计算总评,计算方法为:作业按照 40% 折算,考勤按照 30% 折算,期末考试按照 30% 折算。

【任务 4-13】　使用最大值函数 MAX、最小值函数 MIN。计算如图 4-37 所示工作表中的"预计高位"和"预计低位",其中预计高位使用最大值函数 MAX,预计低位使用最小值函数 MIN。

	A	B	C	D	E	F	G
1	纽约汇市开盘预测（3/25/2015）						
2	顺序	价位	英镑	马克	日元	瑞郎	加元
3	第一阻力位	阻力位	1.486	1.671	104.25	1.4255	1.3759
4	第二阻力位	阻力位	1.492	1.676	104.6	1.4291	1.3819
5	第三阻力位	阻力位	1.496	1.6828	105.05	1.433	1.384
6	第一支撑位	支撑位	1.473	1.6635	103.85	1.4127	1.3791
7	第二支撑位	支撑位	1.468	1.659	103.15	1.408	1.368
8	第三支撑位	支撑位	1.465	1.6545	102.5	1.404	1.365
9	预计高位						
10	预计低位						

图 4-37　纽约汇市开盘预测

【任务 4-14】 使用时间函数 TODAY。计算如图 4-38 所示工作表中的"合计""当日库存天数""折扣价"。

	A	B	C	D	E	F	G	H	I	J
1										
2/3	商品标号	商品名称	入库时间	库存上限	入库单价	数量	合计	出库价	当日库存天数	折扣价
4	JJ01	佳洁士牙膏	2015-9-1	90	¥2.95	300		¥ 3.50		
5	TY02	统一方便面	2015-10-21	45	¥2.10	200		¥ 2.50		
6	TZ01	太子洗衣粉	2015-9-21	60	¥5.80	500		¥ 6.50		
7	MN01	蒙牛牛奶	2015-12-10	20	¥43.00	100		¥48.00		
8	XQ01	田七洗洁精	2015-11-3	60	¥1.90	450		¥ 2.30		

图 4-38 库存表

说明如下。

(1) 请根据实践当天的日期修改"入库时间"列数据。

(2) 合计＝入库价格×数量。

(3) 当日库存天数＝今日日期－入库时间。

(4) 折扣价：如果当日库存天数大于库存上限,则折扣价为出库价×0.9,否则折扣价为出库价。

参考操作步骤如下。

(1) 在 G4 中输入公式＝E4 * F4,填充 G5:G8 单元格。

(2) 混合使用公式和函数,在 I4 中输入＝TODAY()－C4,填充 I5:I8 单元格。

(3) 在 J4 中输入函数＝IF(I4>D4,H4 * 0.9,H4),填充 J5:J8 单元格。

【任务 4-15】 使用统计函数 COUNTIF、逻辑函数 IF 和数学函数 SUMIF。在图 4-39 所示的工作表中完成如下操作。

	A	B	C	D	E	F	G	H	I
1	职工工资表								
2	编号	部门	姓名	职称	工龄	基本工资	津贴	奖金	合计
3	J01	网络部	黎明	高级	8	¥2,600	800	600	
4	J02	施工部	张光北	中级	.5	¥2,400	700	500	
5	J03	设计部	赵良	初级	2	¥1,600	500	400	
6	J04	网络部	刘大勇	高级	9	¥2,700	800	500	
7	J05	施工部	陈亮	中级	4	¥2,600	700	600	
8	J06	设计部	刘文德	初级	3	¥1,900	500	300	
9	J07	网络部	巴图	高级	7	¥3,200	800	800	
10	J08	施工部	刘邦	中级	5	¥1,400	700	400	
11	J09	设计部	阿古拉	初级	5	¥1,800	500	500	
12	J10	网络部	马小林	高级	9	¥3,200	800	200	
13	J11	施工部	张大维	中级	5	¥2,500	700	300	
14			人员合计	11		津贴合计	7500		
15			其中高级	4		其中高级	3200		
16			其中中级	4		其中中级	2800		
17			其中初级	3		其中初级	1500		

图 4-39 职工工资表

(1) 完成图统计各类人员的数量,并填入 D 列相对应的单元格中。

(2) 计算各类人员的津贴,其中高级:800;中级:700;初级:500;并填入 G 列相对应的单元格中。

(3) 计算各类人员的津贴总数,填入到相对应的单元格中。

说明如下。

(1) COUNTIF 是条件统计函数,即统计满足一定条件的数目。本任务使用 COUNTIF,统计 D3:D13 区域内职称等于"高级""中级""初级"的数量。

(2) IF 是逻辑判断函数,判断是否满足某个条件,满足则返回一个值,不满足则返回另一个值。本任务使用 IF 函数,根据职称计算每名职工的津贴。

(3) SUMIF 是条件求和函数,对满足条件的单元格求和。本任务使用 SUMIF,分别计算 D3 到 D13 这个区域职称等于"高级""中级""初级"的津贴合计。

注意:可以使用函数向导进行计算。

参考操作步骤如下。

(1) 选定 D15,在 D15 中输入函数"=COUNTIF(D3:D13,"=高级")","中级""初级"的计算与"高级"类似。

(2) 选定 G3,输入函数"=IF(D3="初级",500,IF(D3="中级",700,IF(D3="高级",800,0)))",填充 G4:G13 单元格。

(3) 选定 G15 单元格,输入函数"=SUMIF(D3:D13,"=高级",G3:G13)"。"中级""初级"的计算与"高级"类似。

【任务 4-16】 使用查询函数 VLOOKUP。如图 4-40 所示,使用 VLOOKUP 函数在"查找表"中填充员工的年龄。

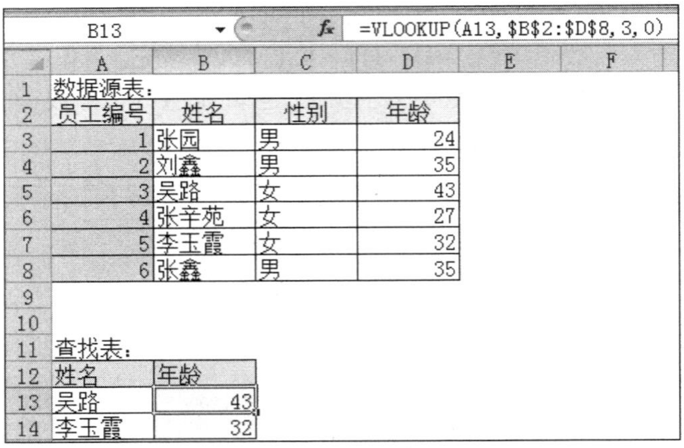
B13 =VLOOKUP(A13,$B$2:$D$8,3,0)

	A	B	C	D
1	数据源表:			
2	员工编号	姓名	性别	年龄
3	1	张园	男	24
4	2	刘鑫	男	35
5	3	吴路	女	43
6	4	张辛苑	女	27
7	5	李玉霞	女	32
8	6	张鑫	男	35
9				
10				
11	查找表:			
12	姓名	年龄		
13	吴路	43		
14	李玉霞	32		

图 4-40 员工信息表

参考操作步骤如下。

以员工"吴路"年龄的查找为例。

(1) 在 B13 单元格输入通过"插入函数"提示向导,选择 VLOOKUP 函数,此时 Excel 就会提示 4 个参数。

(2) 第一个参数,对于本任务,提示输入要查找哪位员工的年龄,应为"吴路"所在单元格地址 A13。

（3）第二个参数，这里输入要查找的数据源表的区域（绝对引用，使用快捷键 F4），即 $B$2:$D$8。

（4）第三个参数，"年龄"是上一步所选择的数据源表区域的第三列，所以这里输入 3。

（5）第四个参数，因为我们要精确查找员工年龄，所以输入 FALSE 或者 0。注意，此处必须是精确查找。

【任务 4-17】 公式的使用。如图 4-41 所示，使用公式计算"销售额"与"佣金"，其中，销售额＝价格×数量，佣金＝销售额×15%。

【任务 4-18】 多工作簿数据整合。对如图 4-42 所示的"费用总表"工作表、图 4-43 所示的"南部"工作表、图 4-44 所示的"北部"工作表，完成如下操作。

	A	B	C	D	E
1	清新农场				
2	第一季销售量				
3	产品名称	价格	数量	销售额	佣金
4	花卉类	25	120		
5	叶菜类	10	85		
6	鲜奶	20	109		
7	草莓	30	94		
8	水蜜桃	50	133		

图 4-41 清新农场第一季销售量

	A	B	C
1		费用总表	
2		电话费	水电费
3	总计：		
4			
5			
6			
7			
8			

图 4-42 费用总表

	A	B	C	D
1	南部分公司电话、水电费用表			
2	部门	电话费	水电费	
3	生产部	3230	253200	
4	财务部	5350	4450	
5	信息部	2320	11200	
6	管理部	4550	5450	
7	营销部	17200	6260	
8	总经理室	6250	3213	
9	总计：	38900	283773	

图 4-43 南部分公司电话、水电费用表

	A	B	C	D
1	北部分公司电话、水电费用表			
2	部门	电话费	水电费	
3	生产部	3950	324500	
4	财务部	6100	4700	
5	信息部	3220	18200	
6	管理部	4700	6780	
7	营销部	25000	7850	
8	总经理室	7870	4440	
9	总计：	50840	366470	

图 4-44 北部分公司电话、水电费用表

（1）在含有"费用"总表的工作簿单元格 B3 和 C3 中建立公式以整合"北部分公司和南部分公司"工作簿上的"电话费"列和"水电费"列的对应总值。

（2）为含有"费用"总表的工作簿设定重新计算，在储存之前，以手动方式，不是用自动方式，重新计算。

【任务 4-19】 函数与公式的错误检查。对于如图 4-45 所示"英语演讲比赛评分表"工作表完成。

（1）追踪所有提供数据给单元格 E8 中公式的单元格，然后编辑该公式来改正错误。

（2）查看单元格区域 B7:D25 的有效性规则，把工作簿中的除"总分"列的任何无效数据选出来。

【任务 4-20】 设置公式数据的审核。对于如图 4-46 所示"计算机成绩表"工作表，设

	A	B	C	D	E
1	英语演讲比赛评分表				
2					
3					
4		30%	30%	40%	分数
5		台风态度	发音语调	结构内容	总分
6		1到10			
7	李俊杰	13	15	10	12.40
8	王宗儒	7	6	4	#VALUE!
9	徐士杰	9	13	9	10.20
10	邱晨峰	6	4	6	5.40
11	连理扬	8	7	6	6.90
12	张伟辰	4	5	6	5.10
13	陈信成	7	7	9	7.80
14	敦政霆	11	9	10	10.00
15	尤惟翔	7	6	6	6.30
16	王嵩钧	8	14	15	12.60
17	王俐婷	9	8	6	7.50
18	黄巧如	7	6	8	7.10
19	吕佩珊	10	7	9	8.70
20	吕凤虹	7	7	8	7.40

图 4-45　英语演讲比赛评分表

置公式数据的审核。利用审核功能,可以跟踪数据的来龙去脉,可以知道一个单元格中的数据是怎么来的。

	A	B	C	D	E	F	G	H
1	计算机成绩表							
2	学号	姓名	性别	作业	考勤	期末考试	期末总评	
3	0502001	王小原	男	85	98	86	89.3	
4	0502002	赵平	女	62	60	56	59.0	
5	0502003	张静	女	91	79	26	61.4	
6	0502004	林美龄	女	86	90	69	80.4	
7	0502005	肖军	男	93	85	84	87.0	
8	0502006	巴图	男	78	90	71	78.8	
9	0502007	刘邦	男	80	75	81	78.9	
10	0502008	阿古拉	女	60	85	74	73.1	
11	0502009	马小林	男	64	85	71	73.1	
12	0502010	张大维	男	78	74	80	77.6	
13								

图 4-46　利用审核功能跟踪数据

项目 4-6　Excel 图表

项目演示

目的

掌握 Excel 中图表的插入及修改方法。

要求

按照图 4-47 所示“企业主要财务指标”工作表中各年度的“净资产总额”和“净利润”两项财务指标创建一个柱形图。并按照图 4-48 所示效果对图表进行修改。

企业主要财务指标						
	A	B	C	D	E	F	G
1	企业主要财务指标						
2	年度	2010	2011	2012	2013	2014	2015
3	净资产总额（10万）	50.00	64.00	75.00	88.00	96.00	118.00
4	净利润（10万）	12.00	15.00	20.00	23.00	30.00	48.00
5	净资产收益率（%）	24.00	23.44	26.67	26.14	31.25	40.68
6	产销率（%）	55.00	70.00	62.00	68.00	85.00	90.00

图 4-47　企业主要财务指标

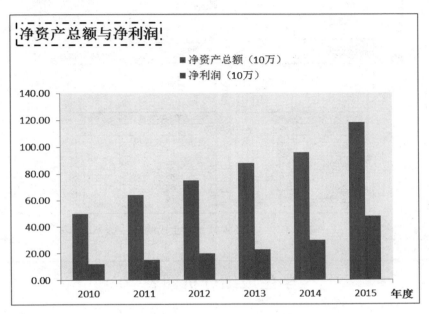

图 4-48　净资产总额与净利润图

操作步骤

（1）选中单元格区域 A3:C4。

（2）选择"插入"选项卡→"图表"组→"柱形图"命令。

（3）在"二维柱形图"中选择"簇状柱形图"选项。

（4）选中图表，选择"设计"选项卡→"数据"组→"选择数据"命令，弹出"选择数据源"对话框。

（5）在"水平（分类）轴标签"中单击"编辑"按钮，将 B2:G2 区域设置为水平分类轴的标签，如图 4-49 所示。

（6）在"布局"选项卡的"标签"组中，分别设置"图表标题""坐标轴标题""图例"。在"坐标轴"组中设置"坐标轴"（设置纵坐标轴选项）和"网格线"。

实训任务

【**任务 4-21**】　建立数据图表。根据如图 4-50 所示"学生成绩表"工作表中的数据建立成绩表分析图，并标志 X 轴标题，Y 轴标题。完成后图表如图 4-51 所示。

【**任务 4-22**】　修改数据图表。

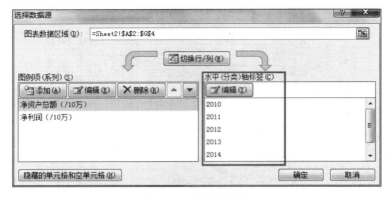

图 4-49   选择数据源

	A	B	C	D	E	F
1	学生成绩表					
2	学号	姓名	数学	英语	计算机	
3	001	王洪	90	87	91	
4	002	张伟	80	95	79	
5	003	孙犁	89	85	75	
6	004	王立	93	82	77	
7	005	张京安	88	74	79	
8						

图 4-50   任务 4-21 的学生成绩表

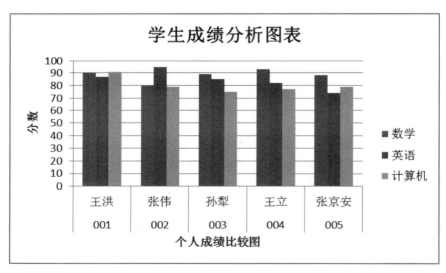

图 4-51   个人成绩比较图

（1）将任务 4-22 创建的图表的柱形图改为圆柱图。

（2）删除图表中的"计算机"数据系列。

（3）在学生成绩表中增加一列"制图"数据，然后在图表中也增加一个数据系列。

（4）将图表中的数学系列移动的到英语系列后面。

完成后图表如图 4-52 所示。

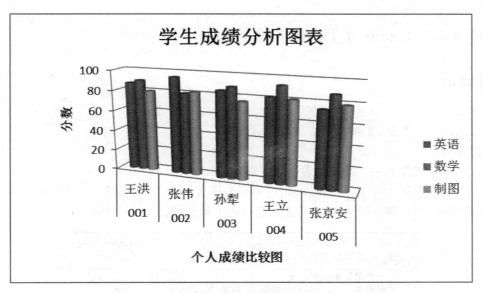

图 4-52 修改后的"个人成绩比较图"

【任务 4-23】 图表与文字的组合操作。如图 4-53 所示,完成下列操作。

（1）将箭头图案和"最多!"这 3 个字符组合在一起。

（2）将组合后的对象置于图表上方以指出最多的地区。

（3）将单元格范围 A4：A7 的类别名称新增到图表的图例。

（4）从图表中将"北部"数据块分离出来。

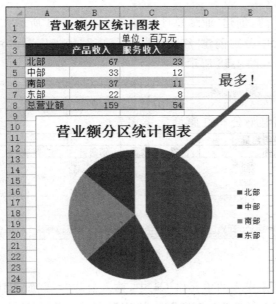

图 4-53 营业额分区统计图表

项目 4-7　Excel 工作表中的数据管理

项目演示

目的

掌握同一工作簿、工作表中数据的引用计算。

要求

应用同一工作簿中不同工作表的数据进行计算。

在一个工作簿中有 4 张工作表,如图 4-55～图 4-58 所示,根据要求计算"曙光电脑公司"销售情况,即计算如图 4-54 所示业绩总计表中的数据。

图 4-54　业绩总计表

操作步骤

(1) 建立空白工作簿,创建"业绩总计"工作表,如图 4-54 所示。

(2) 再在该工作簿中分别创建"红旗店""立峰店""华光店"和"留言店"工作表,并分别输入数据,如图 4-55～图 4-58 所示。

图 4-55　红旗店

(3) 在"业绩总计"工作表的单元格 C4 中,输入公式"=红旗店!C4+立峰店!C4+华光店!C4+留言店!C4"以计算"红旗店""立峰店""华光店"和"留言店"工作表的单元格 C4 的数量总和。

	A	B	C	D	E	F
1	曙光电脑公司立峰商店销售表					
2	第一季销售量					
3	产品名称	价格	数量	销售量	佣金	
4	显示器	2600	220	572000	85800	
5	硬盘	800	184	147200	22080	
6	光驱	400	169	67600	10140	
7	CPU	600	136	81600	12240	
8	电源	200	133	26600	3990	
9						
10	总计		842	895000	134250	
11						

图 4-56 立峰店

	A	B	C	D	E	F
1	曙光电脑公司华光商店销售表					
2	第一季销售量					
3	产品名称	价格	数量	销售量	佣金	
4	显示器	2600	154	400400	60060	
5	硬盘	800	142	113600	17040	
6	光驱	400	79	31600	4740	
7	CPU	600	124	74400	11160	
8	电源	200	143	28600	4290	
9						
10	总计		642	648600	97290	

图 4-57 华光店

	A	B	C	D	E	F
1	曙光电脑公司留言商店销售表					
2	第一季销售量					
3	产品名称	价格	数量	销售量	佣金	
4	显示器	2600	89	231400	34710	
5	硬盘	800	68	54400	8160	
6	光驱	400	86	34400	5160	
7	CPU	600	117	70200	10530	
8	电源	200	125	25000	3750	
9						
10	总计		485	415400	62310	

图 4-58 留言店

（4）拖动 C4～C8，填充公式。

（5）输入"销售量"的计算公式"＝红旗店!D4＋立峰店!D4＋华光店!D4＋留言店!D4"，并填充 D4～D8。

（6）输入"佣金"的计算公式"＝红旗店!E4＋立峰店!E4＋华光店!E4＋留言店!E4"，并填充 E4～E8。

实训任务

【任务 4-24】 生成单元格列表。将文件 E2010E_01 的工作表 Sheet1 中的单元格范围 A4:G61 转换成为一个列表项目，如图 4-59 所示。

【任务 4-25】 数据的排序。使用函数计算总分、均分，按照"总分"排序（降序），"总分"相同按照"英语"排序（降序），"英语"还是相同则按照"数学"排序（降序）。

	A	B	C	D	E	F	G
1	永丰农副产品经销公司员工资料						
2							
3							
4	姓名	性别	年龄	聘用日期	教育	科室	婚姻状况
5	王芳香	女	25	1993年8月1日	高中	会计科	未婚
6	王濱铨	男	34	1995年3月12日	研究生	畜牧科	已婚
7	王德惠	男	42	1999年10月10日	大学	畜牧科	已婚
8	王綉莹	女	28	1994年9月4日	研究生	蔬果科	未婚
9	向大鹏	男	26	1994年9月4日	高中	蔬果科	未婚
10	朱金仓	男	38	1993年8月1日	大学	蔬果科	已婚
11	江正维	男	31	1992年8月1日	高中	蔬果科	已婚
12	何信颖	男	45	2002年5月10日	大学	蔬果科	已婚
13	何茂宗	男	35	1996年6月4日	大学	营销科	已婚
14	吴成美	女	34	1999年10月10日	大学	营销科	已婚
15	吴国信	男	33	1995年3月12日	大学	营销科	未婚
16	吴淑芬	女	31	1999年5月10日	大学	畜牧科	已婚
17	吴宝珠	女	32	1994年9月4日	研究生	会计科	未婚
18	李垂文	女	33	1993年8月1日	高中	畜牧科	已婚
19	李秋煌	男	38	1993年8月1日	大学	畜牧科	已婚
20	李进禄	男	44	1990年9月4日	大学	畜牧科	已婚
21	李香竹	女	46	1990年5月10日	大学	畜牧科	已婚
22	沈思涵	女	40	1992年3月12日	大学	畜牧科	已婚

图 4-59　产品经销公司员工资料

操作提示如图 4-60 所示。

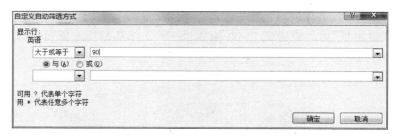

图 4-60　"排序"对话框

【任务 4-26】　数据的自动筛选。筛选出"英语"成绩 90 分以上(包括 90 分)的学生名单,操作提示如图 4-61 所示。

图 4-61　自定义自动筛选方式

【任务 4-27】　数据的高级筛选。筛选出"数学"成绩是 75 分以上、"计算机成绩"在 85 以下的"女"学生,如图 4-62 所示。

【任务 4-28】　数据条件筛选。对于文档 E2010E_17,完成以下操作。

	A	B	C	D	E	F	G	H	I	J	K
1	学号	姓名	性别	计算机	数学	英语	制图	体育	力学	均分	
2	'080301	路孝弘	男	87	78	84	56	67	60	432	
3	'080302	张琴	女	74	85	94	89	76	65	483	
4	'080303	安艳峰	男	60	56	78	89	90	78	451	
5	'080304	白林波	男	87	54	91	88	73	83	476	
6	'080305	刘维凯	男	87	45	56	87	71	80	426	
7	'080306	孙志慧	女	71	85	94	61	65	54	430	
8	'080307	白皓婷	女	88	91	74	83	80	87	503	
9	'080308	杨达赖	男	54	78	89	65	69	70	425	
10	'080309	金鑫干	男	74	85	96	58	84	78	460	
11	'080310	王美燕	女	82	91	90	85	98	93	539	
12											

图 4-62　任务 4-28 的学生成绩表

在单元格区域 A4：H6 中输入筛选条件，使目标区域 A8：H53 中显示出所有在"2002 年 1 月 1 日前"入社的所有"向导组"社员以及在"2003 年 1 月 1 日后"入社的所有"文书组"社员，如图 4-63 所示。

	A	B	C	D	E	F	G	H
1			聪明大学登山社学生资料					
2								
3	准则范围							
4	社员编号	姓名	科系	入社日期	职务分组	出生日期	联络电话	家长姓名
5								
6								
7								
8	社员编号	姓名	科系	入社日期	职务分组	出生日期	联络电话	家长姓名
9	M0001	郑秀娥	法律系	2000-9-1	社长	1981-7-29	26745041	郑辉江
10	M0002	张姵绮	数学系	2001-9-1	秘书组	1982-12-10	26706711	张峰振
11	M0003	林淑菁	英文系	2001-9-1	联络组	1983-4-28	23421246	林前进
12	M0004	朱庆鸿	中文系	2000-9-1	设备组	1975-4-27	23421237	朱生树
13	M0005	吴嘉冠	物理系	2001-9-1	秘书组	1982-8-24	23421240	吴廷碧
14	M0006	林惠萍	英文系	2001-9-1	秘书组	1983-3-30	23421248	林星夏
15	M0007	王韩斌	中文系	2001-9-1	联络组	1979-5-13	23421235	王文锦
16	M0008	黄慈仪	社会系	2000-9-1	设备组	1982-8-25	86775257	黄诗明
17	M0009	周慈芳	物理系	2001-9-1	训练组	1982-10-20	23421242	周东万
18	M0010	王绁筑	中文系	2000-9-1	训练组	1977-12-14	23421236	王平锦
19	M0011	陈思娴	医学系	2001-9-1	向导组	1983-5-13	26770007	陈萍昭

图 4-63　聪明大学登山社学生资料

【任务 4-29】　单元格数据分类汇总。在文档 E2010E_18 中"销售"工作表的单元格区域 A3：D83 中，根据"书籍号码"汇总"数量"以及根据每个"业务人员"汇总"数量"。使得其仅显示汇总和总计，如图 4-64 所示。

	A	B	C	D
1		增你智图书公司		
2		书籍销售表		
3	书籍号码	业务人员	销售类型	数量
4	111235	陈思涵	店面	4490
5	111235	陈思涵	网络	4070
6	111235	陈思涵	邮购	1318
7	111235	陈思涵	电话	1971
8	111235	张淑婷	店面	3023
9	111235	张淑婷	网络	5356
10	111235	张淑婷	邮购	3741
11	111235	张淑婷	电话	4406
12	111235	林建铭	店面	5227
13	111235	林建铭	网络	5102
14	111235	林建铭	邮购	2097
15	111235	林建铭	电话	2331
16	111235	李信男	店面	2314
17	111235	李信男	网络	5051
18	111235	李信男	邮购	1680

图 4-64　书籍销售表

【任务 4-30】 在同一工作簿中的不同工作表中的数据的复制与计算。汇总成绩总表,将英语成绩、数学成绩、计算机成绩从各自的表中复制到成绩总表中。几张表格分别如图 4-65～图 4-68 所示。

	A	B	C	D	E	F
1	工程建筑01班2007学年成绩总表					
2	学号	姓名	英语	数学	计算机	
3	0502001	王小原				
4	0502002	赵平				
5	0502003	张静				
6	0502004	林美龄				
7	0502005	肖军				
8	0502006	王力				
9	0502007	赵玲平				
10	0502008	张静静				
11	0502009	钱钟树				
12	0502010	肖文龙				

图 4-65　表 1

	A	B	C	D	E	F	G	H	I
1	工程建筑01班2007学年英语成绩表								
2	学号	姓名	作业	口语	听力	期中	期末	总评	
3	0502001	王小原	85	98	93	92	93	92.2	
4	0502002	赵平	73	90	91	85	72	82.1	
5	0502003	张静	91	79	87	86	94	87.3	
6	0502004	林美龄	86	90	69	82	87	82.7	
7	0502005	肖军	93	85	84	87	82	86.3	
8	0502006	王力	72	85	90	82	98	85.5	
9	0502007	赵玲平	94	78	94	89	95	89.9	
10	0502008	张静静	87	96	76	86	90	87.1	
11	0502009	钱钟树	82	70	88	80	94	82.8	
12	0502010	肖文龙	98	84	85	89	76	86.4	
13									

图 4-66　表 2

	A	B	C	D	E	F	G
1	工程建筑01班2007学年数学成绩表						
2	学号	姓名	作业	期中	期末	总评	
3	0502001	王小原	95	82	96	92.8	
4	0502002	赵平	90	78	84	85.2	
5	0502003	张静	94	71	78	83.0	
6	0502004	林美龄	76	71	72	73.4	
7	0502005	肖军	88	70	76	79.6	
8	0502006	王力	85	96	84	86.8	
9	0502007	赵玲平	96	72	69	80.4	
10	0502008	张静静	84	98	71	81.6	
11	0502009	钱钟树	78	84	70	76.0	
12	0502010	肖文龙	72	78	88	79.6	
13							

图 4-67　表 3

参考步骤如下。

(1) 打开表 2"工程建筑 01 班 2007 学年英语成绩表",选中"总评"列中的数据。

(2) 按 Ctrl＋C 组合键复制数据。

	A	B	C	D	E	F	G
1	工程建筑01班2007学年计算机成绩表						
2	学号	姓名	考试1	考试2	期末	总评	
3	0502001	王小原	84	84	78	81.6	
4	0502002	赵平	69	78	96	82.5	
5	0502003	张静	71	88	70	75.7	
6	0502004	林美龄	70	84	84	79.8	
7	0502005	肖军	88	94	82	87.4	
8	0502006	王力	78	82	78	79.2	
9	0502007	赵玲平	72	87	90	83.7	
10	0502008	张静静	67	84	84	78.9	
11	0502009	钱钟树	98	72	87	85.8	
12	0502010	肖文龙	94	95	69	84.3	
13							

图 4-68　表 4

（3）打开表 1"工程建筑 01 班 2007 学年成绩总表"。

（4）选定存放结果的单元格 C3。

（5）右击，选择"选择性粘贴"命令，弹出"选择性粘贴"对话框。

（6）选择"数值"选项。

（7）按照同样的方法复制"数学""计算机"成绩到成绩总表中。

第五篇

互联网应用技术

知识要点

(1) WWW 服务。万维网(WWW)是一个将信息检索与超文本技术相融合而形成的环球信息系统,它已经成为一个庞大的信息资源网。用户通过浏览器软件,可以在网上咨询从自然科学到娱乐游戏等各方面的信息,包括政治、哲学、工业、农业、气象、医学、军事、教育、商业、金融等内容。信息的形式可以是文本,也可以是图形、声音,甚至是动态的图像。

(2) 电子邮件是利用计算机网络收发信息的一种服务。要使用这种服务,用户必须拥有自己的电子邮件信箱(本质上是电子邮件服务器上的一块存储空间)。电子邮件创建后,通过网络存放在该信箱内,然后,按照控制信件中转方式的 SMTP 协议,经过若干台计算机的中转,发送到对方的电子邮件信箱内。接收方通过网络将电子邮件从信箱内接收到自己的计算机上。电子邮件具有快速、费用低和可传送文字、图像、声音等特点,已成为因特网上应用最广泛的服务之一。

(3) IP 地址是按照网络互联协议 IP 的规定,连入因特网上的主机的地址。计算机根据 IP 地址来发送和接收数据,IP 地址的格式由 4 段 0~255 的数字组成,各段之间使用点"."分隔(如 218.1.64.33 等),用一个 32 位的二进制数来表示。由于 IP 地址不便于记忆,因此,人们使用域名来标识计算机在网上的位置,如 www.online.sh.cn。由于域名比IP 地址容易记忆,因此,平时大多数用户上网总是采用输入域名的方法来连接到目标计算机。对网络资源进行浏览寻址,使用的是统一资源定位符(Universal Resource Locator,URL)。URL 由协议名称、主机名和路径几个部分构成,如 http://www.online.Sh.Cn/imageS/education/gb/node/2003/08/04/education_default.htm。协议名称实际上表明了所使用的服务的类型,如"http://"(超文本传送协议)表示由 WWW 服务器提供的服务;"ftp://"(File Transfer Protocol,文件传送议),则表示由 FTP 服务器提供文件传送服务。主机名是该网络资源所在的计算机的地址或域名。路径指的是该网络资源在主机中的位置。

项目 5-1 IP 地址和域名地址的相互查询

项目演示

目的

（1）掌握 IP 地址和域名地址的表示、分类及其互相查询方法。

（2）了解什么是 IP 地址和域名地址，以及二者之间的关系。

要求

（1）查询中国教育和科研计算机网的域名（http://www.edu.cn）对应的 IP 地址。

（2）查询 IP 地址 202.112.0.36 对应的域名。

操作步骤

1. 查询中国教育和科研计算机网的域名（http://www.edu.cn）对应 IP 地址

（1）选择系统的"开始"→"运行"命令，在"打开"文本框中输入 CMD 后按 Enter 键，进入到命令提示窗口。

（2）在命令提示窗口中输入 nslookup 域名，如输入 nslookup www.edu.cn。首先显示的是本地使用的 DNS 服务器地址，如图 5-1 中显示的是 222.31.224.198，接下来的显示区域才是 http://www.edu.cn 对应的地址。例如，图中显示的是 202.112.0.36、202.205.109.203、202.205.109.205、202.205.109.208，都是 http://www.edu.cn 对应的 IP 地址，这说明 DNS 可以正确解析出此地址，输入地址之一也可以访问 http://www.edu.cn 站点。

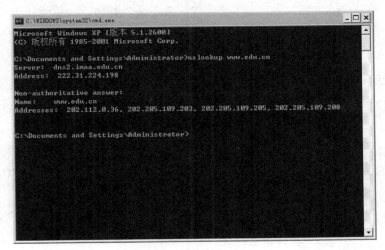

图 5-1 查询 IP 地址

（3）如果 DNS 出现问题无法解析出域名，则显示信息会变成 DNS request timed out，time out was 2 seconds 的提示，说明 DNS 解析超时，网络故障根源是 DNS 解析问题。

当用 IP 地址可以访问某站点而用域名访问却失败时，就应该按照上面介绍的方法来检测 DNS 是否工作正常，通过 nslookup 命令查询本机是否可以顺利把域名转换为正确的 IP 地址。

2. 查询 IP 地址 202.112.0.36 对应域名

(1) 选择"开始"→"运行"命令，在"打开"文本框中输入 CMD 后按 Enter 键，进入命令提示窗口。

(2) 在命令提示窗口中输入 nslookup IP 地址来进行查询，如果能够查到该 IP 对应的域名的话将直接显示出来。例如使用 nslookup 202.112.0.36 来查询该地址对应的域名，如果能够查询，则在第 2 行的 name 后将会显示域名。例如，图 5-2 中显示的 galaxy.net.edu.cn 就是 202.112.0.36 对应的域名。

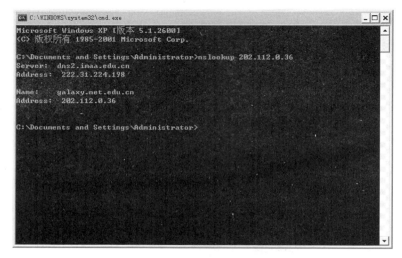

图 5-2　查询域名

(3) 如果在执行 nslookup 查询时 IP 地址并没有和任何域名建立对应的关系，则会显示出诸如 can't find xxx. xxx. xxx. xxx：Non-existent domain 之类的提示，如图 5-3 所示。

```
C:\Documents and Settings\Administrator>nslookup 202.112.0.8
Server:  dns2.imaa.edu.cn
Address:  222.31.224.198

*** dns2.imaa.edu.cn can't find 202.112.0.8: Non-existent domain

C:\Documents and Settings\Administrator>
```

图 5-3　错误提示

实训任务

【任务 5-1】　查询 IP 地址。利用你所在的学校的网站的域名查询其 IP 地址。

【任务 5-2】　用 IP 地址反查网站域名。用任务 5-1 得到的 IP 地址反查网站域名。

项目 5-2　IE 浏览器的应用及设置

项目演示

目的

（1）了解 Internet Explorer 8 的类型、功能、特点及相关概念。

（2）掌握使用 Internet Explorer 8 浏览网页、保存网页、搜索信息、使用收藏夹及 IE 选项的设置。

要求

（1）启动 IE 浏览器，浏览网址之家（http://www.hao123.com/），将网址之家设为主页并收藏。

（2）在页面中利用百度工具栏的图片搜索功能搜索"电脑"的相关图片并将查询结果的第一页保存到本地硬盘。

（3）设置网页在历史记录中的保存天数为 1，始终在新选项卡中打开网页。

操作步骤

（1）启动 IE 浏览器，浏览网址之家（http://www.hao123.com/），将网址之家设为主页并收藏。

① 双击桌面的 IE 快捷方式图标，启动 IE 浏览器。

② IE 浏览器出现默认空白主页 about:blank，在地址栏输入 http://www.hao123.com/，按 Enter 键，浏览器窗口打开网址之家主页，如图 5-4 所示。

图 5-4　网址之家主页

③ 单击页面右上方的"把 hao123 设为主页"链接,弹出"添加或更改主页"对话框。选择第一项,单击"是"按钮,如图 5-5 所示。

单击页面左侧的  图标,将网址之家添加到收藏夹,如图 5-6 所示。也可使用 Ctrl+D 组合键。

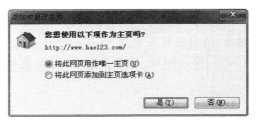

图 5-5　将网址之家设为主页　　　　　　图 5-6　收藏网页

(2) 在页面中利用"百度"工具栏的图片搜索功能搜索"电脑"的相关图片并将查询结果的第一页保存到本地硬盘。

① 选择"百度"工具栏中的图片搜索,在文本框中输入"电脑",单击"百度一下"按钮或按 Enter 键进入,如图 5-7 所示。

图 5-7　搜索图片

出现一个新页面,如图 5-8 所示。

图 5-8　图片搜索结果

② 将结果第一页保存在桌面上。选择"文件"→"另存为"命令,如图5-9所示。弹出"保存网页"对话框,在"保存在"下拉列表框中选择需要保存网页的存储目录为"桌面"。在"文件名"文本框中,输入想要保存网页的名称。在"保存类型"下拉列表框中,选择想要保存的文件类型。设置完成后单击"保存"按钮,如图5-10所示。

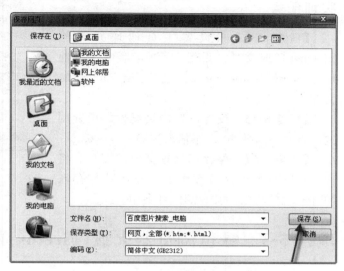

图 5-9 保存网页   图 5-10 保存网页选项

(3) 设置网页在历史记录中的保存天数为1,始终在新选项卡中打开网页。

① 选择"工具"→"Internet选项"命令,打开"Internet选项"对话框,选择"常规"选项卡,在"浏览历史记录"选项组中单击"设置"按钮,如图5-11所示。在"Internet临时文件和历史记录设置"对话框中将历史记录的保存天数设为1,如图5-12所示。

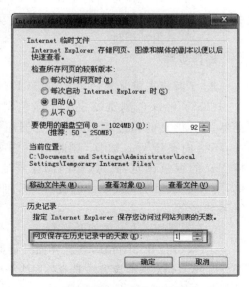

图 5-11 IE选项设置   图 5-12 历史记录设置

② 在"选项卡浏览设置"对话框中设置始终在新选项卡中打开网页,如图 5-13 所示,并在网址之家中打开一个网页查看效果。

实训任务

【任务 5-3】　设置主页地址并删除 Internet 临时文件。设置 IE 浏览器中主页地址为 www. baidu. com,并删除 Internet 临时文件。

【任务 5-4】　设置浏览网页属性。设置浏览网页时不播放声音,不播放视频。

【任务 5-5】　保存网站首页中的图片。将你所在学校的网站首页中的所有图片保存在"我的文档"的"我的图片"文件夹中。

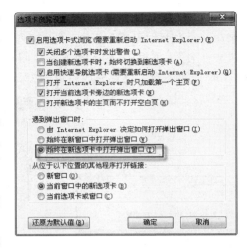

图 5-13　选项卡设置

项目 5-3　绿色浏览器火狐(Firefox)的应用

项目演示

目的

(1) 了解 Firefox 的功能、特点及相关概念。

(2) 掌握使用 Firefox 浏览网页、搜索信息、下载软件的方法和 Firefox 的设置。

要求

(1) 了解绿色浏览器的定义,认识 Firefox。熟悉 Firefox 基本设置。

(2) 了解 Firefox 保存、管理书签的方法。

(3) 熟悉附加组件。

操作步骤

1. 了解绿色浏览器的定义,认识 Firefox

(1) 了解绿色浏览器定义。绿色浏览器分为狭义的绿色浏览器和广义的绿色浏览器。从狭义的角度看,绿色浏览器应该有如下特征:体积比较小,无须安装直接运行,不会向系统写入数据,删除时不需要使用删除程序。通常所说的绿色浏览器是指广义的绿色浏览器 ,这样的浏览器通常具有如下特征:体积小,安装方便,操作简单,方便扩展和升级,无后门程序,不向系统写入大量的数据,卸载方便,卸载时不会留下残余等。

(2) 熟悉 Firefox 界面及设置。

① 双击打开 Firefox,熟悉界面并访问 Firefox 的"新手上路"页面,如图 5-14 所示。

② Firefox 基本设置。选择"工具"→"选项"命令,打开"选项"对话框,可对 Firefox 进行基本的设置,如图 5-15 所示。

图 5-14　Firefox 界面

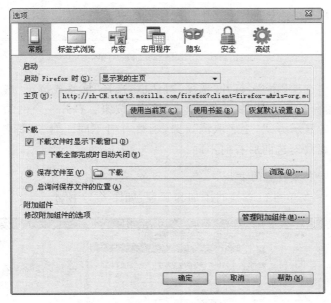

图 5-15　Firefox 基本设置

③ 多标签的页面浏览方式。在 Firefox 的浏览器"文件"菜单中有"新建窗口"和"新建标签页"选项。"新建窗口"是指重新开启一个浏览器的窗口,"新建标签页"是在当前窗

口打开一个标签页,使用这个节省时间的功能,可在同一窗口内查看多个网页,如图5-16所示。将链接在后台标签页中打开,当准备好要阅读其他页面时,它们已经载入完毕,无须花费时间等待。

图5-16　Firefox多标签浏览

选中"工具"→"选项"命令,打开"选项"对话框,选择"标签式浏览"选项卡,选中"需要打开新建窗口时用标签页代替"复选框,单击"确定"按钮。打开一个网站并单击页面中的链接,观察新窗口的显示方式,之后取消勾选,观察有何不同。对于"标签式浏览"选项卡中其他选项,同样观察勾选前后有何不同。

2．了解添加与管理书签的方法

(1) 使用"书签"菜单进行书签的添加和管理,如图5-17所示。

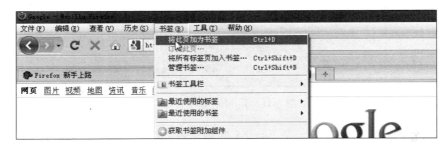

图5-17　Firefox添加书签

（2）在书签达到一定数量的时候，可以使用文件夹进行管理。选择"书签"→"管理书签"命令，在"我的足迹"窗口中进行设置，如图 5-18 所示。

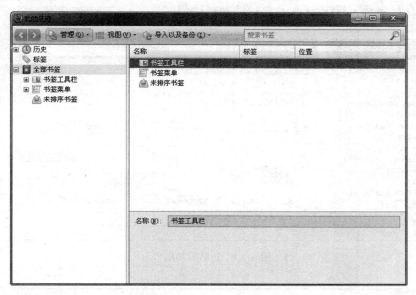

图 5-18　Firefox 管理书签

3．附加组件

Firefox 具有丰富扩展功能，从 Firefox 的菜单中选择"工具"→"附加组件"命令，打开"附加组件"窗口，如图 5-19 所示，添加其中的翻译组件。

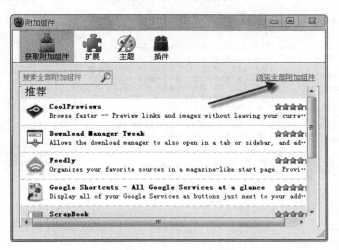

图 5-19　附加组件

单击"浏览全部附加组件"超链接，出现如图 5-20 所示的界面。

找到"在线翻译"组件，单击"添加到 Firefox"按钮，如图 5-21 所示。

图 5-20　全部附加组件

图 5-21　在线翻译组件

实训任务

【任务 5-6】　Firefox 基本设置。

(1) 修改主页为百度首页(www.baidu.com)并使启动 Firefox 时打开主页。

(2) 修改下载时保存文件的目录为"D:\下载"。

(3) 修改设置使 Firefox 不记录历史记录。

(4) 修改设置使 Firefox 为系统默认的浏览器。

【任务 5-7】　添加网站为书签。

添加 10 个自己喜欢的网站为书签,并利用书签管理功能分类存放在几个文件夹中,如分为学习、生活、娱乐等。

【任务 5-8】　添加 Firefox 附加组件并试用。添加一个自己最需要的 Firefox 附加组件并试用。

项目 5-4　电子邮件

项目演示

目的

(1) 学会上网申请免费邮箱,掌握 Web 方式电子邮件的收发与管理。

(2) 掌握 Outlook Express 中电子邮件账号的设置及电子邮件收发方法。

要求

(1) 通过 IE 浏览网易主页(http://www.163.com),为自己申请一个免费的电子邮箱,并记录接收发送邮件服务器的域名。用新邮箱发一封邮件给你的好友,告诉对方你的新邮箱地址并附上一张照片。

(2) 启动 Outlook Express,添加一个已经申请好的邮箱账号,设置为默认账号。通过 Outlook Express 向好友发一封问候邮件,附上一张贺卡图片。在 Outlook Express 中接收邮件,检查收件箱中有无新邮件。

(3) 设置 Outlook Express 每 25 分钟检查一次新邮件,邮件到来时不发出声音。

操作步骤

1. 申请费的电子邮箱并以 Web 方式发送邮件

(1) 运行 IE 浏览器,在地址栏输入 http://mail.163.com,按 Enter 键,进入"网易 163 免费邮"主页。单击主页中的"马上注册"超链接,如图 5-22 所示。

按规定步骤输入用户名密码,如注册用户名为 myemail,则免费邮箱地址为 myemail @163.com。

(2) 由注册完成的帮助信息可知,申请到的邮箱的 SMTP 发信服务器为 smtp.163. com,POP3 收信服务器为 pop3.163.com。

(3) 由网易主页或网易免费邮主页输入用户名和密码登录邮箱,如图 5-23 所示。

(4) 单击"写信"按钮可撰写并发送新邮件,单击"收信"按钮可以阅读新收到的邮件。在"收件人"文本框中输入收件人的邮箱地址,如 friend@126.com。填入主题及邮件正文内容,如图 5-24 所示。如还想发给其他人,可以单击"添加抄送"超链接,在添加抄送文本框中填入多个以半角分号(;)隔开的邮箱地址。

(5) 添加附件。单击"主题"文本框下的"添加附件"超链接,弹出"选择要上载的文件自"对话框,从中选中要发送的文件,单击"打开"按钮,如图 5-25 所示,则文件已列在附件栏中,如想删除附件,可以单击文件名后的"删除"超链接,如图 5-26 所示。重复此步骤可添加多个附件,之后就可以发送邮件了。

图 5-22　注册免费邮箱

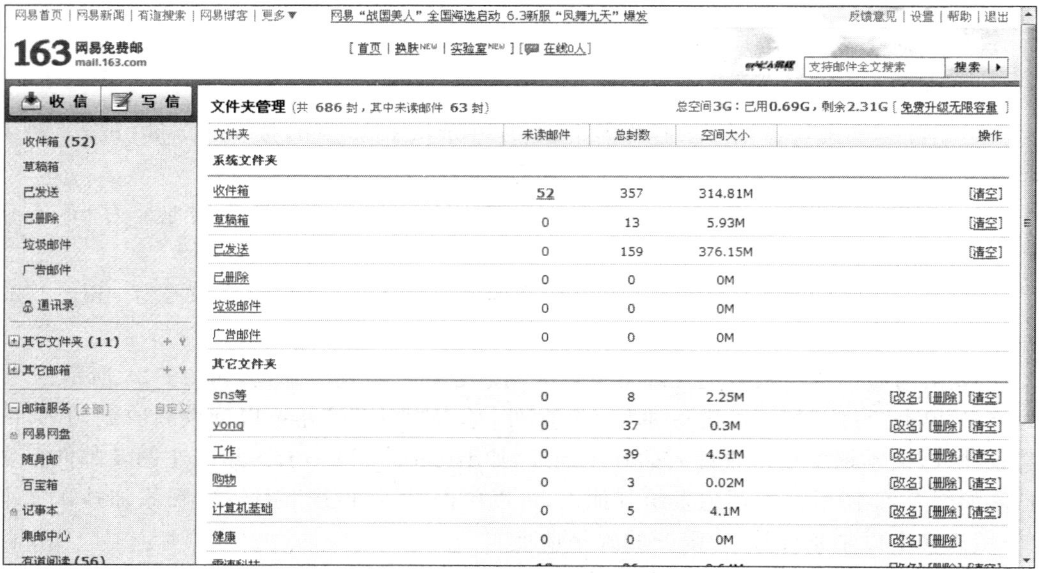

图 5-23　邮箱管理

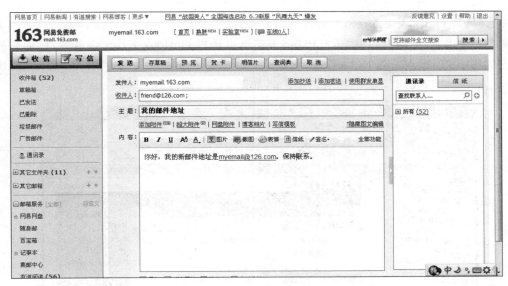

图 5-24 发邮件

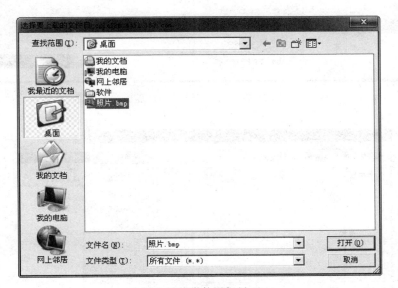

图 5-25 附件添加界面

图 5-26 附件添加后界面

2. 使用 Outlook Express 收发邮件

（1）单击"开始"按钮，在"所有程序"子菜单中选择 Outlook Express 命令，启动后的界面如图 5-27 所示。选择 Outlook Express 菜单栏中的"工具"→"账户"命令，弹出"Internet 账户"对话框，选中"邮件"选项卡，如图 5-28 所示。

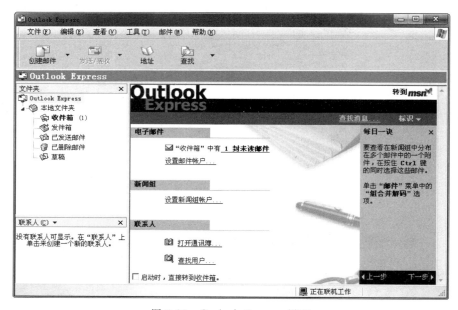

图 5-27　Outlook Express 界面

图 5-28　Internet 账户

（2）单击"添加"按钮，选中"邮件"选项，弹出"Internet 连接向导"之"您的姓名"对话框，如图 5-29 所示。输入姓名 myemail，单击"下一步"按钮，在"电子邮件地址"对话框中输入之前申请的免费邮箱地址（如 myemail@163.com），再单击"下一步"按钮，如图 5-30 所示。

（3）弹出"电子邮件服务器名"对话框，设置接收邮件服务器为 pop3.163.com，设置发送邮件服务器为 smtp.163.com，如图 5-31 所示。单击"下一步"按钮，弹出"Internet

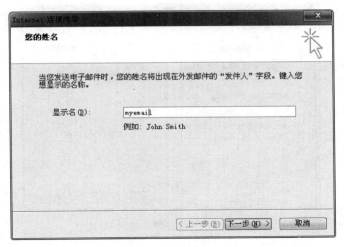

图 5-29　"您的姓名"对话框

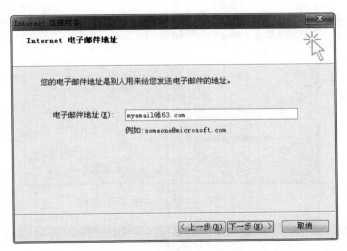

图 5-30　"电子邮件地址"对话框

Mail 登录"对话框,输入账户名和密码(即之前申请的免费邮箱的用户名和密码),如图 5-32 所示。单击"下一步"按钮,完成电子邮件的账户设置。

现在打开"Internet 账户"对话框的"邮件"选项卡,在账户列表中可以看到刚设置的邮件账户。

(4) 在 Outlook Express 界面中选中"文件"→"新建"→"邮件"命令或在工具栏中单击"创建邮件"按钮,弹出新邮件输入窗口,如图 5-33 所示。之后和 Web 方式下邮箱的操作类似,填入收件人的邮箱地址和主题、正文内容就可以发送了。如需添加附件则单击工具栏上的"附件"按钮,具体操作同样可参考 Web 方式下的邮箱操作。

(5) 邮件的接收。在 Outlook Express 界面中单击工具栏中的"发送/接收"按钮右侧的下三角按钮,选中"接受全部邮件"命令(见图 5-34),则 Outlook Express 开始接收已设

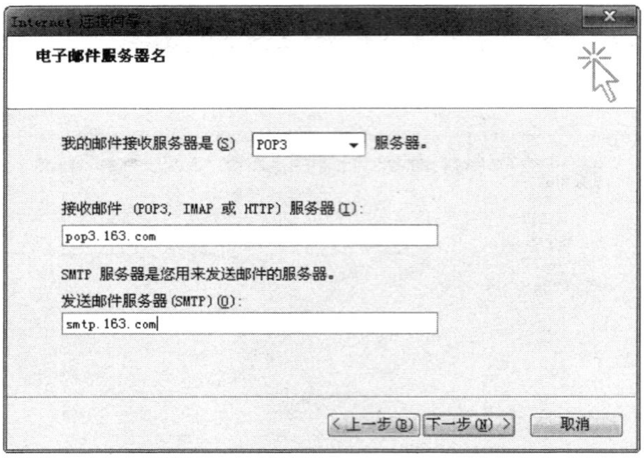

图 5-31 “电子邮件服务器名”对话框

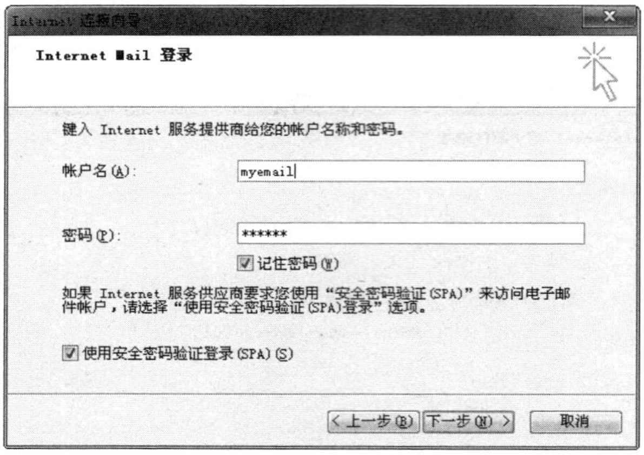

图 5-32 “Internet Mail 登录”对话框

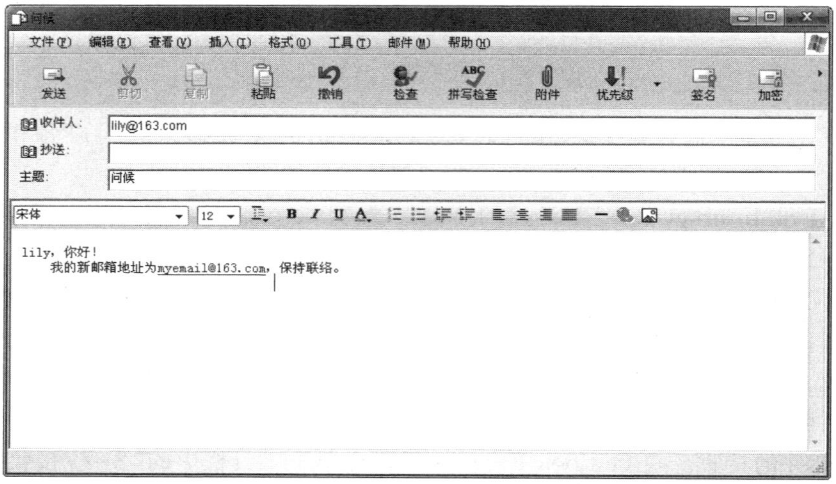

图 5-33 新邮件输入窗口